LE THÉATRE CONTEMPORAIN

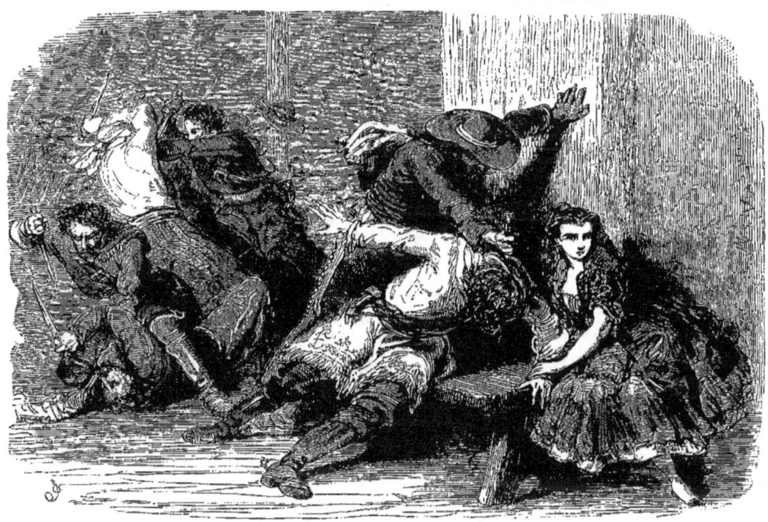

LES

FLIBUSTIERS DE LA SONORE

DRAME EN CINQ ACTES, EN DIX TABLEAUX

AVEC UN PROLOGUE

PAR

AMÉDÉE ROLLAND ET GUSTAVE AIMARD

REPRÉSENTÉ POUR LA PREMIÈRE FOIS, A PARIS, SUR LE THÉATRE DE LA PORTE SAINT-MARTIN, LE 24 AOUT 1864

DISTRIBUTION DE LA PIÈCE

Personnage	Acteur	Personnage	Acteur
LE COMTE HORACE D'ARMANÇAY	MM. BERTON.	UN NOTAIRE	LANSOY.
LE GÉNÉRAL GUERRERO	CHARLY.	UN CHEF INDIEN	DUPRÉ.
VALENTIN, dit LE TIGRERO	ANTONIN	CARMEN. / DON LUIS.	Mmes ROUSSEIL.
ARTHUR BELLAMY	SCHEY.	ANGELA	J. ANDRÉE.
ÉDOUARD DE SAUVES	MONTAL.	ALDEGONDE	B. AUBRY.
CURUMILLA	FERNAND.	ANTONIA	MUNIÉ.
SHARP	JOSSE.	LUISA	HUBAN.
YVON	PATRAT.	AMANDA	L. MAIGNY.
CORNELIO	A. DURAND.	DONA RÉDEMPTION	PROTTI.
SANDOVAL	CHÉRY.	UNE PRÊTRESSE DU SOLEIL	M. ROUSSEL.
DICK	MERCIER.		
PIERRE	BOUSQUET.		
UN ALCADE	LOUIS.		

FRANÇAIS, AMÉRICAINS, INDIENS, CHINOIS, MEXICAINS, SOLDATS, HOMMES, FEMMES, ENFANTS, ETC., ETC.

PROLOGUE

PREMIER TABLEAU

Le Café de Paris.

Salon du Café de Paris. — Lustres allumés. — Porte à deux battants au fond. — Portes latérales. — La fin d'un souper.

SCÈNE PREMIÈRE

LE COMTE HORACE, ÉDOUARD DE SAUVES, VALENTIN DIT TIGRERO, ARTHUR, ALDEGONDE, YVON, AMANDA.

Tous sont autour de la table, dans des attitudes variées. Aldegonde repose sa tête sur le gilet d'Arthur; Amanda a le bras passé autour du cou d'Édouard de Sauves; seul le comte Horace reste grave. Yvon, en grande livrée, culotte courte, jabot et manchettes, circule autour de la table. Valentin debout, un verre de champagne à la main.

TOUS, moins Horace. Bravo, bravo!

ALDEGONDE. Bravo! continuez donc cette histoire. Ah! le joli organe que vous avez, monsieur... pardon, j'oublie toujours votre nom... moi; monsieur le Chacal, le Léopard... le...

TIGRERO, riant. Le Tigrero!...

ALDEGONDE. Ah! c'est cela!

AMANDA. Un nom pittoresque!

TIGRERO. Moins pittoresque que le métier qu'il rappelle!... Un métier que j'ai exercé plusieurs années au Mexique... Tenez, vous avez peut-être vu parfois passer à travers les villages de ces gens avec une gaule sur les épaules et des taupes au bout... Eh bien, là-bas... les tigreros... ce sont les taupiers de tigres !

ARTHUR. Brr! Je n'aimerais pas bien ces petits bestiaux-là, moi !

TIGRERO. Bah, on s'y fait!

HORACE, frappant sur l'épaule de Tigrero. Mon bon et excellent Valentin! Valentin Guillois, en Bretagne, dans notre chère Bretagne; Tigrero au Mexique, brave et dévoué partout!

TIGRERO, s'inclinant. Monsieur le comte!

HORACE. Trève de respect! n'es-tu pas mon frère?

TIGRERO. Frère de lait!

HORACE. Mieux encore, frère de cœur! Tu m'as sauvé deux fois la vie... et je compte sur toi plus que sur moi-même; ce n'est pas en vain que je t'ai rappelé près de moi! toi qui as voyagé sous toutes les zones, navigué sur toutes les mers! (Passant à droite sur le canapé.)

TIGRERO, riant. Qui a mangé des salmis de phoques sous les pôles, et des serpents au kari dans les Indes!

ALDEGONDE, à Arthur. Dis donc, mon Arthur?

ARTHUR. Vous savez bien, Aldegonde, que je n'aime pas ces expressions-là!

ALDEGONDE. Bêta! c'est mon charme! Les petits soupers ont tout de même plus de saveur là-bas qu'ici au *Café Anglais*.

TIGRERO. Des pays où les lézards s'appellent caïmans!

AMANDA. Tiens! j'en ai connu un...

ALDEGONDE. Un caïman?

AMANDA. Il avait des cheveux blonds.

ALDEGONDE. Le lézard?

AMANDA. Et il avait des rentes.

ALDEGONDE. Au soleil, alors!

AMANDA. Non! en Moldavie.

TIGRERO. Que diantre disent-elles là? Ah! j'y suis, caïmacan!... macan, mademoiselle, macan!

ALDEGONDE. Amanda, votre éducation me fait l'effet d'avoir été terriblement négligée.

AMANDA. Dame! à six ans, ma mère me faisait figurer aux Funambules... ce n'est pas dans les pantomimes que j'ai pu apprendre la grammaire! Mais nous empêchons M. Tigrero de nous raconter ses voyages.

ARTHUR, jouant avec son lorgnon. C'est vrai... mon cher; vos histoires, c'est très-empoignant!... très-empoignant!

ALDEGONDE. Moi, d'abord, j'aime à m'instruire!

TIGRERO. Que voulez-vous que je vous dise? Si je vous racontais tout ce qui m'est arrivé, j'en aurais pour jusqu'à la prochaine année bissextile... inclusivement. Demandez à M. de Sauves! nous nous sommes rencontrés bien souvent dans nos voyages!

DE SAUVES. Séparés par la naissance dans l'ancien monde, le hasard et le danger nous ont réunis dans le nouveau! notre vie fut souvent commune et nous avons fait tous les métiers.

TIGRERO. Dans l'Apachéria, trappeurs par aventure.

DE SAUVES. Chercheurs d'or à San-Francisco, par ambition.

TIGRERO. Tueur de tigres pour gagner mon pain.

DE SAUVES. Médecin par état.

TIGRERO. Marin par vocation, comme tous les Bretons; nous pouvons le dire sans vanité : nous avons des horizons plein les yeux...

DE SAUVES. Des souvenirs plein le cœur...

TIGRERO. Et des histoires plein notre sac!

ALDEGONDE, se levant. Racontez-nous-en une seule!

TIGRERO, s'inclinant. A vous l'honneur, monsieur de Sauves.

DE SAUVES. Non! je n'aurais que de sombres récits à vous raconter et j'aurais crainte d'attrister ce souper commencé gaîment.

HORACE. Ainsi, de Sauves, comme Valentin, vous avez visité ces contrées du soleil dont le nom seul fait vibrer mon cœur et rêver mon cerveau!

DE SAUVES. Oui, bien jeune encore, riche de science, mais atteint de ce mal profond que Rabelais appelle quelque part : faute d'argent, j'ai voulu courir après la fortune jusqu'au Mexique; ce pays qui jusqu'à ce jour a manqué d'un code civil et surtout criminel.

TIGRERO. Où l'on commence une phrase avec un révolver et où on finit la conversation par un coup de couteau.

DE SAUVES. Où le poison est un trésor qui se lègue dans les familles et qui sert trop souvent à régler les héritages!

ALDEGONDE. Le poison, alors... c'est leur absinthe!

DE SAUVES. A combien de lugubres drames n'avons-nous pas assisté?... Tu t'en souviens, Tigrero? Tu n'as pas oublié cet orgueilleux et puissant coquin à la vengeance duquel nous avons dû nous dérober par la fuite?

TIGRERO. Cet assassin qui tua son frère dans une embuscade?... Ah! je lui ai gravé mon souvenir en plein visage... avec mon couteau... (A part.) Ce Guerrero maudit que je compte bien retrouver un jour!

ARTHUR. Empoignant! très-empoignant!

DE SAUVES. L'empoisonneur de sa belle-sœur que j'ai vue mourir entre mes bras et que ma science a été impuissante à sauver! (Il passe la main sur son front.)

TIGRERO. Eh bien, c'est égal, ce métier... ou plutôt cette perpétuelle aventure... ce combat obstiné sans cesse renaissant, cette guerre déclarée contre les éléments, les bêtes fauves, les hommes... ce danger de toutes les heures, sous le soleil brûlant, sous les nuits pleines d'étoiles, cela vous étreint.

ARTHUR. Ah!

TIGRERO. Vous fortifie, vous enthousiasme!

ARTHUR. Oui, ça fortifie... Très-empoignant, très-empoignant! (Se levant.)

HORACE, se levant. Ah! ce doit être une belle vie! et maintenant suppose cette vie avec un but, un but noble et grand... Qu'en dirais-tu, Valentin?

TIGRERO. Je dirais que le comte Horace est mon frère... que je suis son ombre, sa chose, son chien, et qu'il fasse plein jour où nuit pleine, dans la savane ou dans la forêt, il ne se tirerait pas une balle sans qu'il me trouvât devant lui.

HORACE, lui serrant la main. Je savais que je ne m'étais pas trompé quand je t'écrivais il y a un mois en Afrique : « Frère, viens vite me rejoindre. »

DE SAUVES. Et moi je remercierais le comte Horace d'avoir pensé à moi pour partager sa fortune ou ses revers.

ALDEGONDE. Tiens! tiens! comte, est-ce que par hasard?...

HORACE, se levant. Eh bien, oui; si je vous ai rassemblés ici, Valentin et vous de Sauves, ce que je vous prie de me pardonner, c'est que l'hôtel des comtes d'Armançay n'est plus à moi... depuis hier.

TIGRERO. Que dites-vous!

YVON. Hélas! hélas!

HORACE. Je te comprends, mon pauvre Yvon, tu regrettes la grande antichambre.

YVON. Oui, je suis indigné d'être contraint de servir à monsieur le comte un souper de hasard dans un salon banal, avec des verres où des commis voyageurs ont peut-être trempé leurs lèvres!

HORACE. Aristocrate!

YVON, avec fierté. Oui, monsieur, je suis un aristocrate, car il y a trois siècles, mes ancêtres étaient les serviteurs des vôtres!

HORACE, passant la main sur son front. Bah! laissons cela, et revenons à mon histoire. Elle ne se passe point dans les Amériques... mes pampas, ce sont les boulevards, mes forêts vierges... des boudoirs... trop connus... mes peaux-rouges des usuriers, et mes anthropophages... de charmantes amazones qui vont en guerre autour du lac du bois de Boulogne.

ARTHUR. Attrape, Aldegonde!

ALDEGONDE, levant les épaules. Des mots d'auteurs!...

HORACE. Mes amis, vous le savez, j'étais riche.

ALDEGONDE. Aïe! j'étais!... Compris!

HORACE. Et avec le caractère que vous me connaissez... il ne m'a pas fallu beaucoup plus de deux ans pour jeter à tous les vents la cinquantaine de mille livres de rente que je tenais de mes pères... A ces amazones, j'ai livré lambeau par lambeau mon patrimoine et ma jeunesse; c'est l'histoire universelle de tous ceux qui, nés avec de nobles instincts, n'ont jamais vu dans l'or que le valet de leurs fantaisies! L'histoire est banale comme la vérité, et je ne parle de ces amours buissonnières que pour mémoire... mais en dehors de ces amours classiques qui complètent pour ainsi dire l'éducation de tout jeune homme, il y eut une femme, le dédain fait femme! riche, superbe, impassible! même devant les pleurs d'amour répandus sur ses mains! belle comme une création du Titien; mais une fleur des tropiques... fleur sans parfum... cœur sans amour! et moi je l'aimai, je ne dirai pas comme un fou, c'est trop peu! les termes m'échappent; je l'aimai comme le malheur aime les honnêtes gens!

ARTHUR. Avec acharnement, alors!

HORACE. Mais elle!... idole de marbre, sachant que les hommages lui sont dus... inattentive, se laissait aimer paresseusement!... Que lui importaient mes souffrances? De telles beautés sont comme les astres, elles brûlent tous ceux qui les voient sans distinction! Allez donc demander au soleil de ne pas éblouir celui-ci, plutôt que celui-là!... La terre tourne autour de lui! Paris tournait autour d'elle, mes amis, j'étais jaloux!

ALDEGONDE. Vous entendez, Arthur, c'est comme cela que je veux être aimée!

ARTHUR. Ah! ça m'est égal, moi, je suis myope! (Il met son lorgnon.)

HORACE. Et d'autant plus jaloux que je n'avais nul droit de l'être!... une inclinaison de tête... un pâle sourire, voilà, durant une année, quelles furent les récompenses de cet amour sans bornes! Oh! me disais-je, est-ce possible? ces yeux profonds, ces yeux ardents ne seraient que des miroirs trompeurs! Oh! non! je ferai vibrer ce cœur qui paraît inerte! je ferai jaillir l'étincelle du feu sacré qui se cache en lui! Nouveau Pygmalion, je donnerai une âme à ce marbre glacé. J'essayai, ce fut en vain! et j'avais des orages de passion en moi! Mon cerveau s'emplissait de rêves! je pensais à la gloire. Si j'avais le génie elle m'aimerait, pensais-je parfois; puis ensuite... c'étaient des dépits d'enfants! je me boudais moi-même; enfin, las de ma lutte contre la chimère... je voulais oublier... et je me précipitais tête baissée dans le bruit. Je passais des nuits entières autour d'une table, des cartes à la main... la veille, je m'étais improvisé héros!... poëte... que sais-je? faiblesse de l'homme, je retombais piteusement sur un tapis vert. (Tendant la main à Arthur.) C'est à cette époque de ma vie que je vous ai connu, et je suis heureux de le dire: parmi ces compagnons de débauche, vous êtes le seul pour qui j'aie gardé de l'estime. Vous mangez votre première fortune avec un appétit de collégien en vacances... votre cœur fait ses dents... mais votre cœur est loyal... et quand vous laisserez tomber votre masque de gandin on verra un homme!

ARTHUR. Ah! comte!... comte!... c'est très-bien de votre part... ce que vous dites-là!... d'autant plus que je ne m'en doutais pas! je me le répéterai tous les matins.

ALDEGONDE. Nous étions restés au tapis vert.

HORACE. Avec des monceaux d'or dessus!

ALDEGONDE, à Arthur. Très-empoignant, cher, très-empoignant!

HORACE. Les monceaux s'en sont allés en phénomène étrange... Avec la pauvreté est venue je ne sais quelle audace que je m'ignorais... J'avais de l'orgueil, et maintenant j'ai de la fierté... Avec mon dernier lingot s'est fondue ma dernière vanité... La déesse inexorable, dont j'étais l'adorateur malheureux, est redevenue une femme... la femme, je la vois... je l'admire... mais je ne l'aime plus!... Ah!... ah!... non, en vérité, il ne me reste de ma blessure qu'un souvenir vague et presque doux; mon âme est dans toute la plénitude de la santé, et c'est pourquoi aujourd'hui... ce matin... car l'aube commence à paraître... je viens d'enterrer mon passé... Mes amis... c'est le souper des funérailles... ou plutôt c'est le festin de la résurrection!... je n'ai plus un sou, mais pas un regret... plus d'amour, mais pas une larme... et je veux...

UN GARÇON, entrant et remettant une lettre à Horace. Monsieur le comte Horace d'Armançay!

HORACE, congédiant le garçon; lisant. C'est bien!... Elle!... elle! à cette heure! ici! c'est singulier! (Aux convives.) On me fait demander un moment d'entretien pour une affaire grave, messieurs, et je vous prie de m'excuser si je vous quitte...

ARTHUR, passant à lui. Mais non, cher comte, ne vous dérangez pas... Aldegonde va nous tapoter du piano dans le salon voisin. (Il se dirige vers une fenêtre.)

ALDEGONDE. Hai!... par ici! Arthur, où allez-vous donc?... Êtes-vous assez myope!...

ARTHUR. Ne vous plaignez donc pas de ces choses-là, ma chère! (Ils sortent à gauche.)

HORACE. Yvon, fais entrer!...

SCÈNE II

HORACE, puis CARMEN.

HORACE. Carmen! ici!... que vient-elle faire? Ah! Carmen, je vous ai trop aimée!

YVON, au fond. Entrez, madame. (Il sort; Carmen entre.)

HORACE, mettant la main sur son cœur. Ah! Carmen! je ne vous aime plus!

CARMEN, levant son voile, d'une voix faible. C'est moi, Horace! moi ici, à pareille heure.

HORACE. En effet... j'ai peine à comprendre...

CARMEN. Regardez-moi...

HORACE. Je vous vois aussi belle ce soir que de coutume, et si je ne craignais qu'il ne vous soit arrivé quelque malheur, je serais ravi de votre présence.

CARMEN. Ah! ne me parlez pas avec cette politesse glacée... je vous en conjure, vous avez cru me tromper sans doute, hier quand je ne sais sous quel prétexte de voyage de courte durée vous êtes venu prendre congé de moi. Allez... j'ai bien compris que votre adieu... embarrassé, était un adieu éternel... et...

HORACE. Et alors?

CARMEN. Alors, me voilà...

HORACE, doux, mais froid. Que me voulez-vous, Carmen?

CARMEN. Vous me fuyez!... ne le niez pas!...

HORACE. En effet, je ne comptais plus avoir le bonheur de vous revoir!

CARMEN. C'était vrai! (Elle se lève et vient s'agenouiller devant lui.) Pardonnez-moi! (Lui tendant la main.)

HORACE. Moi, madame! mais vous vous méprenez... je n'ai rien à vous pardonner... je pars, il est vrai, mais en quoi cela peut-il vous être imputé à crime?

CARMEN. Vous partez parce que vous ne voulez plus m'aimer!... je le vois bien! votre embarras, votre froideur, tout me le dit... mais moi... moi, je vous aime!

HORACE. Vous?

CARMEN. Pourquoi suis-je ici, si je mens?

HORACE. Au nom du ciel, madame... ne m'enlevez pas mon courage pour ce que je vais tenter... j'en ai besoin!

CARMEN. Mais c'est impossible, cela, Horace! vous ne pouvez pas partir! (mouvement d'Horace) puisque je vous aime! Vous ne me croyez pas?... Tenez, je serai franche, causons. Mais d'abord asseyez-vous; vous restez là debout, et cela a l'air de me dire: Allez-vous-en! alors moi, je n'ose plus... je n'ose plus vous parler.

HORACE, s'asseyant. Madame!

CARMEN, à Horace qui s'assied. Donnez-moi votre main, voulez-vous? Maintenant, nous sommes amis, n'est-ce pas? Je puis parler! ne vous faites pas méchant! Vous m'en voulez?

HORACE. Sur mon honneur, non!

CARMEN, assise. Hélas! je n'ai pas répondu à votre affection comme j'aurais dû le faire... j'étais aveugle, mais si vous saviez!... je ne suis pas la femme que vous croyez... Laissez-moi vous dire ma vie que je vous ai toujours cachée avec soin: je suis née au Mexique.

HORACE. Ah!... au Mexique!...

CARMEN, assise. J'appartiens à une des plus riches familles de Mexico. Toute enfant, j'avais seize ans, au sortir du couvent on me maria à un vieillard... je ne l'aimai ni le détestai... aussi, quand il mourut, je ne trouvai pas de larmes dans mon cœur pour monter hypocritement à mes yeux!... Vous ne m'avez jamais surprise à mentir, Horace!...

HORACE. C'est vrai!

CARMEN. Vous le croyez! eh bien, vous vous trompez...

HORACE. Vous me surprenez étrangement.

CARMEN. Tenez, si je ne vous ai pas aimé tout d'abord, c'est à vous ou plutôt à la fatalité qu'en est la faute.

HORACE. Je ne vous comprends pas.

CARMEN. La première fois... que je vous vis... — oh! ce soir-là, vous ne fîtes aucune attention à moi, et si j'avais été cette coquette que vous m'avez si souvent accusée d'être, ma rancune ne serait pas éteinte encore — c'était il y a bientôt deux ans... dans un bal... chez lord Névil... Vous ne vous en souvenez pas?

HORACE. Lord Névil?... oui... je m'en souviens: c'était un galant homme qui m'avait été présenté dans une soirée à l'ambassade d'Angleterre!

CARMEN. Ce soir-là vous eûtes... une conversation un peu vive avec un officier de marine.

HORACE. Ah!

CARMEN. Vous l'avez oublié!

HORACE. Un officier de marine... Ah! en effet... je me rappelle...

CARMEN. Le lendemain de cette conversation...

HORACE. Nous eûmes ensemble un duel à l'épée!... le pauvre garçon m'avait insulté, je le tuai... Mais, comme dans cette querelle, il avait tous les torts, ma conscience ne m'a jamais reproché ce funeste accident.

CARMEN. Eh bien, cet officier qui s'était rendu coupable envers vous d'une impolitesse qu'un homme d'honneur ne peut supporter...

HORACE. C'était votre parent, peut-être!

CARMEN. Non. Quoiqu'il n'ait été que de courte durée, mon mariage imposé avait assombri ma vie. C'est alors qu'un de vos compatriotes vint à Mexico et fut reçu dans ma famille. Il me vit dans cette tristesse et en fut touché. Hélas! à quel aveu suis-je contrainte! j'étais libre... il disait m'aimer, je quittai ma patrie où je serais morte de honte, je vins en France... En France... je fus plus malheureuse encore... car bientôt je restai seule... abandonnée, la douleur dans l'âme... espérant toujours ramener près de moi... celui que j'aimais encore, quand un soir, chez lord Névil...

HORACE. Je comprends tout! Ah! pardon, madame, votre haine n'était que trop justifiée.

CARMEN. Ma haine! ah! Horace! je ne sais pas comment il se fait que j'ose vous dire tout ce que je vous dis... mais aussi, vous allez partir... J'ai le cœur brisé... je ne puis peser mes paroles... Cette haine! je l'ai souhaitée... et comme elle ne venait pas... j'ai essayé de tous les moyens pour la faire naître. Lorsque vous êtes venu à moi... plus tard... que je vous ai revu au milieu du monde, moi, riche, fêtée, veuve, belle, et vous ignorant du coup dont vous m'aviez frappée... je vous ai d'abord souri pour pouvoir ensuite vous accabler de plus de dédains... Quand vous vous êtes présenté chez moi... mon premier mouvement fut de vous refuser mon salon. Je ne vous y admis que dans l'espérance de vous faire souffrir... Il m'aime, me disais-je... ce sera là ma vengeance... et vous le voyez, je me suis vengée, si bien vengée qu'à mesure que votre amour rebuté se mourait, le mien venait à naître, de sorte qu'à cette heure c'est moi que vous dédaignez, et c'est moi qui vous implore.

HORACE. En effet, voilà un de ces caprices bizarres de la destinée... Arriver à propos c'est là le grand mystère; je suis arrivé trop tôt, c'est quelquefois pis que d'arriver trop tard.

CARMEN. Horace!

HORACE. Il ne m'est plus possible de changer ce qui est.

CARMEN. Mais enfin pourquoi partez-vous?

HORACE. Je pars, madame, tout simplement parce que je suis ruiné.

CARMEN. Ruiné...! ce n'est que cela?

HORACE. Madame, je suis le comte Horace d'Armançay.

CARMEN, baissant la tête, se levant. Où partez-vous?

HORACE, se levant. Je vais où vous ne sauriez me suivre.

CARMEN, pleurant. Où je ne saurais vous suivre? Ah! cruel! vous avez tout calculé; c'est dans mon pays que vous allez!

HORACE, baissant la voix. C'est vrai...

CARMEN. Malheureux! vous ignorez au milieu de quels dangers vous vous jetez tête baissée! Un mirage luit devant vos yeux; vous avez l'âme chevaleresque, l'esprit ardent...l'inaction vous pèse, les chimères bourdonnent dans votre cerveau... et vous avez jeté l'œil sur ce coin de la carte du monde qu'on appelle le Mexique!... Mais vous n'avez donc pas calculé les difficultés sans nombre qui vous y attendent!... difficultés de toutes sortes... matérielles, morales... une nature abrupte... des hommes rusés... vindicatifs, orgueilleux! Ah! ce n'est plus la femme oubliée qui vous parle... c'est l'amie, c'est Carmen d'Aguilar. Monsieur d'Armançay, restez en France.

HORACE. Quand une fois une volonté est entrée dans mon esprit, elle n'en sort jamais!

CARMEN, des larmes dans la voix. Mais c'est peut-être la mort que vous allez chercher!

HORACE. C'est peut-être la gloire!

CARMEN. Ah! voilà bien le grand mot des hommes qui n'aiment plus!... Ainsi... tout est fini entre nous, Horace?...

HORACE, se détournant. Oui.

CARMEN. Ah! (Silence.) Eh bien, monsieur d'Armançay, une dernière grâce!

HORACE. Une grâce, madame?

CARMEN. Je n'ai pas su vous aimer comme vous méritiez qu'on vous aime. Et vous ne pouvez plus... vous ne voulez plus m'aimer... Cependant je vous aime plus qu'on ne vous aimera jamais, j'en suis sûre!... Croyez-moi donc! je tremble à vous voir tenter je ne sais quelle aventure dans ce pays qui est le mien... Vous y trouverez tant d'ennemis!... et je voudrais vous y savoir un soutien!... (Timidement.) Me haïssez-vous assez pour refuser un appui uniquement parce que cet appui vous viendrait par moi?

HORACE. Ah! vous ne le pensez pas!

CARMEN, lui tendant la main. Merci! Eh bien, là-bas, ma famille est riche... honorée... j'ai mon frère... don Luis d'Aguilar.

HORACE. Don Luis d'Aguilar?

CARMEN. Qui peut vous prêter un secours puissant... il vous servira si je l'en prie. (Souriant.) Et puis, tenez... c'est une idée de femme celà!... Vous m'avez aimée... vous me comprendrez... mon frère me ressemble, et ainsi... mon souvenir ne saurait vous quitter!... Don Luis et moi sommes presque du même âge... une année seulement nous sépare... Don Luis, près de vous... je me dirai que ce sera presque Carmen.

HORACE, lui baisant la main. Vous êtes charmante.

CARMEN. Vous consentez!... vous permettez que je vous donne une lettre pour lui? c'est convenu, n'est-ce pas... ne dites pas non! (Elle va à la table de droite; elle écrit. Musique.)

HORACE. O mystère du cœur féminin, elle m'aime aujourd'hui. Hélas! on a beau se cramponner aux réalités de la vie... c'est toujours le roman qui vient se jeter à la traverse!

CARMEN, cachetant sa lettre. Vous le voyez, je ne suis plus exigeante à présent!... me voilà presque heureuse et je souris!... Hélas! mon sourire est comme un rayon de soleil d'automne... ce n'est pas le plus ardent. (Elle se lève.)

HORACE. C'est le plus doux!...

CARMEN, lui tenant la lettre. Et maintenant je suis plus forte...

HORACE, tendrement. Adieu, madame.

CARMEN. Monsieur le comte d'Armançay, au revoir... (Elle sort par le fond.)

HORACE. Adieu, madame! (Il lui baise la main.)

SCÈNE III

HORACE, seul; il s'accoude sur la table et réfléchit. La vie! quel métier!... Si elle m'avait dit tout cela il y a huit mois... pour une de ses larmes, je serais al...... qui sait? jusqu'à oublier le passé, jusqu'à la supplier à deux genoux de devenir comtesse d'Armançay... (Se levant.) Allons! lâche cœur, arrière les regrets! le passé est mort. Vive l'avenir. (A Yvon.) Fais entrer ces messieurs!

SCÈNE IV

TOUS LES PERSONNAGES.

HORACE. Mes amis... je viens de réciter mon *De profundis*, et maintenant, un dernier verre de champagne pour égayer mon départ!

ALDEGONDE. Comment, votre départ!

HORACE, près du canapé. Je pars au Mexique!

AMANDA. Où le sol tremble!... J'ai entendu ça quelque part.

DE SAUVES. Avez-vous bien réfléchi, cher comte?

HORACE, l'interrompant. Oui; je n'ignore rien des mœurs étranges et parfois terribles de ces climats où le sang le plus ardent circule dans les veines; qu'importe! je poursuis un but dont rien ne pourra me détourner; je pars au Mexique, une terre féconde laissée en friche, d'où un coup de pioche intelligent peut faire jaillir des richesses! ces richesses appartiennent par droit de légitime conquête à ceux qui sauront supporter les fatigues de la semaille, à ceux qui auront l'audace de faire la récolte à la pointe de leur épée!...

ARTHUR. Il m'enthousiasme!... Comte!... je suis enthousiasmé!

HORACE. On nous appellera sans doute flibustiers...

ARTHUR. Qui ça?

ALDEGONDE. Son nom?

HORACE, au milieu. Flibustiers, soit! qu'était-ce donc que l'Anglais Morgan?... que Michel le Basque?... que Montbars l'exterminateur? C'étaient des hommes fiers qui savaient être libres, des hommes qui ont apporté en dot de splendides colonies au vieux continent qui les rejetait... Tout se recommence?... Le comte Horace d'Armançay inaugurera la grande flibuste au dix-neuvième siècle!

ALDEGONDE, levant son verre. Inaugurons!

HORACE. Valentin, de Sauves... j'ai besoin de bras forts, de volontés tenaces, de courages surhumains... les dangers sont nombreux, la réussite incertaine...

DE SAUVES. Quand partons-nous?

HORACE. Demain.

ARTHUR. Tout de suite.

DE SAUVES. Tant mieux.

TIGRERO. En avant!

HORACE, au fond. Yvon, tu m'accompagnes.

YVON, derrière l'étagère de droite. Toujours et partout! où trouverez-vous un domestique aussi bien dressé que moi?

HORACE. Je ne le trouverai nulle part! seulement, tu sais... les coups de fusil dans ce pays-là pourraient bien remplacer les appointements.

YVON. Je me moque des appointements; ce que je crains, c'est que les coups de fusil ne viennent déranger l'ordre et la régularité qui sont les principes essentiels d'un bon service.

HORACE, riant. Ah! dame! nous dînerons parfois à la belle étoile.

YVON. Je le veux bien, pourvu que ce soit de six à sept heures.

HORACE, riant. On préviendra le firmament. (A Arthur.) Quant à vous, cher, lorsque vous serez totalement ruiné...

ARTHUR. Ah! c'est fâcheux, si vous m'aviez seulement prévenu quinze jours d'avance.

ALDEGONDE. Je vous aiderai!

ARTHUR. Alors ça ne tardera pas.

HORACE. Eh bien, songez à nous... Le lieu de ralliement est San-Francisco. Et maintenant, mes amis, buvons à l'avenir; buvons aux dieux inconnus. A boire! à boire!

ACTE PREMIER

DEUXIÈME TABLEAU

La forêt vierge.

Une forêt vierge. — Éclaircie dans la forêt. — A droite et à gauche, groupe de grands arbres, enchevêtrant leurs branches, de façon à faire berceau à mi-hauteur de la scène. — Lianes, plantes exotiques. — Végétation luxuriante. — Le centre de la scène, sous les arbres, est une sorte de plate-forme verdoyante, à côté d'une source placée à l'extrême droite du théâtre. — A partir du deuxième plan, succession de petites éminences disposées en gradins jusqu'à la toile du fond. — Premier plan à droite, une source. — Le soleil couchant ne pénètre qu'à peine au milieu de cette masse de verdure. — Le rideau se lève sur un silence. — La scène est entièrement vide; on entend les clochettes des mules, puis s'avance un palanquin, placé sur une mule richement panachée. — Derrière, un palanquin moins riche, une douzaine de domestiques mexicains font escorte. — Bientôt paraît une caravane ayant un guide en tête, vêtu en chef indien de la tribu des Comanches. — Puis, venant derrière un palanquin porté par deux mules richement harnachées, des domestiques mexicains armés, en tête desquels s'avance, à cheval, don Cornelio précédé d'un guide indien.

SCÈNE PREMIÈRE

CORNELIO, ANGELA, LUISA.

Lorsque ce cortège, qui défile lentement, est arrivé en pleine scène, le riche palanquin s'entr'ouvre et il apparaît une ravissante tête de jeune fille.

ANGELA. Don Cornelio!

CORNELIO, accourant. Señorita?

ANGELA. Votre monture est-elle fatiguée?... Je suis brisée... et toi, Luisa?

LUISA, qui occupe le même palanquin. Ma maîtresse a raison, arrêtons-nous.

CORNELIO. C'est impossible. Si nous nous arrêtions avant d'être arrivés au rancho, nous serions obligés de camper cette nuit à la belle étoile, ce qui ne serait pas sans danger.

ANGELA. Bah! que veux-tu que nous ayons à craindre?

MANOUBAN. L'œil de Manouban est aussi perçant que celui du chacal dans la nuit. Il y a des Comanches dans la forêt.

ANGELA. Des Comanches! Eh! bon Dieu, qu'est-ce que cela?

CORNELIO. Les Comanches sont des Indiens pillards, qui attaquent quelquefois les caravanes.

LUISA. Oh! maîtresse, je vous en prie, sortons au plus vite de cette vilaine forêt.

ANGELA. Allons, soit. Mais je connais quelque chose de plus désagréable encore que la forêt, c'est de voyager à dos de mules par des chemins impossibles. En route, et hâtons-nous

(L'escorte se remet en marche et disparaît lentement par la gauche. Elle est à peine disparue, que de tous côtés se lèvent des Comanches qui se mettent à ramper silencieusement sur les traces de la caravane. Quand ils ont disparu à leur tour, on voit Curumilla descendre du fond, ayant un rifle en bandoulière; il porte le costume de chef des Indiens Apaches; il est grand, jeune encore, et sa physionomie est grave.)

SCÈNE II

CURUMILLA, seul. Ces visages pâles sont plus bavards que les oisillons dans leur nid, quand la mère oublie de leur apporter la pâture... La nièce du grand chef ignore ce que c'est que les Comanches? elle ne tardera pas à l'apprendre... Mais que m'importe à moi... Suis-je de sa race à elle? suis-je de la tribu de ces pillards?... Non... Battez-vous, déchirez-vous, dévorez-vous, Curumilla, le chef apache, n'a jamais aimé, de toute cette race chrétienne, qu'un seul homme, et cet homme n'est pas parmi vous... Il tarde bien, le Tigrero... Un malheur serait-il arrivé à mon frère?... (Une détonation se fait entendre.) Ah!... la caravane est aux prises avec les Comanches. (Fusillade plus nourrie.) Serait-il arrivé du secours à ces rancheros et à leurs péons?... Ce n'est plus là le bruit de leurs vieilles espingoles : on dirait la voix du rifle américain ou de la carabine française... Que se passe-t-il donc?...

(A ce moment, quelques Comanches traversent la scène en fuyant, et en poussant des cris de détresse; un homme apparaît, lancé à leur poursuite et décharge sa carabine sur les fuyards.)

SCÈNE III

CURUMILLA, LE TIGRERO.

TIGRERO. Touché!

CURUMILLA. Tigrero! mon frère!

TIGRERO. Curumilla! mon vieux et fidèle compagnon. Enfin! te voilà! Sais-tu qu'en entrés en forêt depuis deux jours, nous cherchons tes traces.

CURUMILLA. L'œil de mon frère est moins sûr que son cœur. Mais...

TIGRERO. Attends!... Les herbes ont remué de ce côté ci.

CURUMILLA. Rien... Un écureuil effrayé, voilà tout. Les Comanches ne reparaîtront pas. La fille au visage pâle doit se féliciter de votre arrivée.

TIGRERO. Je crois que sans nous, en effet, la charmante enfant allait passer un mauvais quart d'heure. Tu la connais?

CURUMILLA. Je n'ai pas vu son visage. En dehors de ma tribu, je ne connais que toi.

TIGRERO. Merci, frère. Ah! nous en avons vu de dures jadis, en Apacheria. Et je te dois la vie, comme tu me dois la tienne. En mêlant notre sang, nous avons mêlé nos âmes. Eh bien, cette sainte amitié que tu m'as vouée, je t'en demande une part pour un autre frère que j'ai, le comte Horace d'Armancey. C'est lui qui nous commandera dans les grandes aventures que nous allons courir... Va, tu peux l'aimer, sa bouche ne s'est jamais ouverte pour mentir, et jamais sa main ne s'est ouverte pour une mauvaise action... Écoute... Voici mes compagnons qui approchent, après avoir rallié la bande éparse de ces pauvres diables qui escortaient la jeune fille... Tu vas voir le comte, tu vas voir Horace, tu vas voir mon frère... Tu seras son frère aussi, tu me le jures?

CURUMILLA. J'aimerai qui tu aimes, Tigrero.

TIGRERO. Bien cela, compagnon!

SCÈNE IV

HORACE, TIGRERO, CURUMILLA, ANGELA, évanouie, portée dans les bras d'Horace, LUISA, CORNELIO, PÉONS de la suite d'Angela, AVENTURIERS de la suite d'Horace.

HORACE, paraissant. Tigrero, vite à l'œuvre, un lit de feuille et un abri de branches... Yvon, ouvre les coffres, défais les bagages et trouve-moi la boîte de secours... Couchons-la provisoirement sous ce palmier... Pauvre chère enfant! Qu'elle est belle! Mais, Dieu soit loué, ce n'est qu'un simple évanouissement. (A Cornelio.) Allons, bonhomme, quand vous nous regarderez, là, les yeux effarés, et la bouche béante : allez plutôt puiser de l'eau à cette source; déchirez un bout de vos manchettes, et humectez ce beau front pâle que l'aile de la mort a failli effleurer.

CORNELIO. J'y vais, seigneur Français. Que deviendrais-je, et que dirait le général, si je ne lui ramenais sa nièce saine et sauve!

HORACE, à Luisa. Elle est la nièce d'un général?

LUISA. Monsieur, c'est une demoiselle de grand nom que nous ramenons du couvent à Guaymas, chez son oncle, son tuteur et son seul parent, le général Guerrero.

TIGRERO. Le général Guerrero?

CURUMILLA. Guerrero!

TIGRERO. Elle est la nièce de cet homme?

CURUMILLA. La fille de doña Rafael.

HORACE. Qu'as-tu donc, Tigrero? pourquoi pâlis-tu?

TIGRERO. Pour rien. Le général Guerrero n'est-il pas en ce moment gouverneur de la Sonore.

CORNELIO. En effet, c'est le plus grand général des armées mexicaines.

TIGRERO. Oui, je le connais, le misérable. (A Curumilla.) Pauvre enfant!

CURUMILLA. Ah! certes!

TIGRERO. De Sauves et moi, nous l'avons connue au berceau, nous avons vu son père mourir assassiné, et sa mère expirer sous l'étreinte d'un mal mystérieux.

CURUMILLA, bas à Tigrero. Que je connais.

TIGRERO. Quelle est donc cette fatalité, qui me ramène ainsi sur les traces de ce Guerrero maudit!

CURUMILLA. Mon père a connu le père de la jeune fille, mais le grand Esprit sait ce qu'il fait, Tigrero! et l'homme n'est qu'un instrument dans ses mains!

LUISA. Elle revient à elle. Le ciel soit béni!

HORACE. C'est vrai. Et quand je songe que tant de jeunesse et de beauté allait être massacré, si la Providence ne m'eût envoyé à son secours! Allons! le hasard m'aime, puisqu'il m'a permis d'inaugurer mon expédition par une action généreuse!... Tigrero, l'abri est-il prêt?

TIGRERO. Superbe... Une cabine d'état-major, on y passerait sa vie... Bon! voilà ses jolies couleurs qui lui reviennent aux joues. La rose blanche redevient rose de Bengale.

HORACE. Et quand ces beaux yeux éteints vont se rouvrir à la lumière, c'est sur moi qu'ils fixeront leurs premiers regards! Les premiers mots que balbutiera cette fraîche bouche, seront un remercîment pour moi... qu'elle appellera son sauveur! (Se relevant joyeusement.) Ah! je respire à l'aise, je suis fier de penser que j'aurai tenu une place dans la vie de cette adorable créature!...

TIGRERO. Eh bien, croyez-moi, n'y tenez que la plus petite place possible; je préfère cela.

HORACE. Pourquoi donc?

TIGRERO. Je vous le dirai. La vie est ainsi faite qu'on n'y peut rencontrer un ange sans y coudoyer un démon... Mais ce n'est pas l'heure de philosopher. Allons coucher l'ange sur son lit d'herbe fraiches; il sera toujours temps de penser au diable.

ANGELA, ouvrant les yeux. Luisa!... Cornelio!

LUISA. Nous voici, nous sommes là, chère maîtresse.

CORNELIO. Revenez à vous, ne tremblez plus; ouvrez les yeux et regardez votre sauveur.

ANGELA. Mon sauveur?... Ah! en effet, je me souviens. (Essayant de se soulever.) Monsieur... pardonnez-moi de m'être évanouie comme une petite fille sans courage... Je le regrette, puisque je dois à ce sot accident de ne pas vous avoir plus tôt exprimé toute ma reconnaissance.

HORACE. Ah! ce seul regard m'a déjà trop récompensé, señora. Vous avez besoin de repos; je vous ai fait préparer un abri sous les feuilles... et si vous le permettez...

ANGELA. Señor cavalier, je m'abandonne à vous en toute confiance. (Elle se lève, et aidée d'Horace, de Cornelio et de Luisa, elle se dirige vers le gourbi de branches, où elle entre avec ceux qui l'accompagnent.)

HORACE, à Tigrero. Songe au campement, Valentin, c'est ici que nous passerons la nuit.

YVON. Le campement, c'est bien, mais le souper, ce serait mieux. Aimez-vous cette vie-là, monsieur Valentin?

TIGRERO, riant en s'occupant de vider les sacs. Ah! je te vois venir, vieil Yvon. Tu trouves que tout cela manque un peu de régularité?

YVON, tout en dressant une petite table à développement qu'il a tirée des bagages. Monsieur, je suis humilié à l'idée que j'ai étudié pendant trente ans les détails les plus minutieux du service de chambre, du service de table et du service d'office, et qu'après trente années d'études et de réflexion... me voilà forcé de recommencer, et que je suis aussi neuf dans ces forêts vierges, que le ciel confonde, que si je n'avais eu à servir jusqu'ici que les moissonneurs de la Brie ou les maçons du Limousin. Oui, monsieur Tigrero, cela ne laisse pas que de jeter une certaine amertume sur mes vieux jours; on ne déjeune plus, on ne dîne plus, on ne soupe plus... On mange quand on se trouve, et quand on a faim, comme les bêtes. Et vous appelez cela, vous, redevenir un homme... homme des bois, je veux bien!

TIGRERO, riant. Ah! mon pauvre Yvon, tu n'es pas au bout de tes peines! tu en verras bien d'autres, une fois à San-Francisco, la capitale de l'excentricité, un pays où l'imprévu est naturel, l'extraordinaire tout simple, et le désordre la loi générale!

YVON. Ah! mon Dieu, que m'apprenez-vous là?

TIGRERO. Un amas de cabanes en bois, où tous les aventuriers du globe se sont donné rendez-vous! une Babel où l'on parle à la fois anglais, français, portugais, espagnol, allemand, américain, russe et chinois; où l'on joue et où l'on se bouscule du matin au soir; où l'on joue encore et où l'on se bat du soir au matin; où, sur un coup de dé, des drôles deviennent millionnaires; où, sur un tour de raclette, les millionnaires deviennent des mendiants; où les bacheliers cirent des bottes; où des palefreniers enrichis se font trainer par des hommes, quand les voitures font défaut; où chacun ne vaut que juste la somme qu'il a dans sa poche; une fourmilière en ébullition, un tumulte venu des quatre points cardinaux; où l'on crie, où l'on sacre, où l'on boit, où l'on se vole, où l'on s'assassine, où enfin les trois quarts et demi des gens ont un bon grain de folie... là... au cerveau, et la maladie de la vigne, ici... sur la conscience!

YVON. Bonté divine!... c'est l'antichambre de l'enfer!... mais...

TIGRERO, se retournant. Qu'est-ce qu'il y a?

UN AVENTURIER, en sentinelle au fond. Un voyageur à cheval, suivi de quelques domestiques.

TIGRERO. Ne laissez approcher qu'à bon escient.

LA SENTINELLE. Qui vive?

SCÈNE V

LES MÊMES, DON LUIS, suivi de deux péons à pied et armés; don Luis, riche costume mexicain, sombrero, sarapé, bottes, cravache, etc.

DON LUIS. Ah! rassurez-vous et regardez-moi, je ne crois pas être vêtu de peau de bison et tatoué comme un Comanche. Salut, cavalieros, je meurs de faim et de soif, et ma provision de cigarettes est épuisée depuis ce matin... Une pincée de tabac d'abord, et place à votre feu ensuite, car voici la nuit, et si j'en crois la fusillade que j'ai entendue, la forêt n'est pas très-sûre en ce moment. (Il descend tranquillement de cheval et jette la bride à son peon.) Rodriguez, va-t'en attacher mon cheval près de ceux de ces honnêtes cavaliers, et dis à mes hommes de veiller aux environs. (Prenant le sac au tabac de Tigrero.) Vous permettez? (Il s'assied.)

TIGRERO, riant et lui frappant sur l'épaule. Eh bien, vous m'allez, vous.

YVON. Si c'est là une manière de se présenter dans une maison! (Allant à la hutte.) Monsieur le comte!... monsieur le comte!... monsieur le comte est servi!

SCÈNE VI

LES MÊMES, HORACE, sortant du gourbi.

HORACE. Bien, bien, mon brave Yvon; on y va. (A lui-même, et les yeux fixés sur la hutte de feuillage qu'il vient de quitter.) Une âme exquise, une beauté souveraine, une enfant!... une fée! Quelle est donc cette terre qui produit de pareilles fleurs?

DON LUIS, à Tigrero, continuant une conversation entamée d'abord à voix basse. Je me rends à San Francisco, et je vous dois sans doute la vie, car ma troupe est peu nombreuse, et je fusse certainement tombé dans une embuscade, si vous ne m'aviez vaillamment déblayé le passage.

HORACE, qui a écouté. Cette voix!... Un nouveau venu, un jeune homme?... (Don Luis le regarde.) Ciel! est-ce une illusion?... Ce regard? ces traits?...

DON LUIS, se levant. C'est à moi que vous parlez, monsieur, me connaissez-vous? (Il laisse tomber à terre son sarapé et apparaît dans un costume élégant de chasseur, révolver à la ceinture.)

HORACE, troublé. Si... je... non! pardonnez-moi! une ressemblance singulière avec une personne...

TIGRERO, intervenant. Ce jeune cavalier n'ayant qu'une faible troupe, suivant la même route que nous, nous a demandé place au feu de notre bivouac, et l'hospitalité pour cette nuit.

DON LUIS. Je comprends, du reste, que vous ne deviez pas vous livrer à un étranger, et pour ne pas vous demeurer plus longtemps inconnu, je prendrai la liberté de me présenter moi-même: je suis don Luis d'Aguilar, neveu de don José d'Aguilar, l'un des principaux banquiers de Mexico.

HORACE. Don Luis d'Aguilar!

DON LUIS. Ce nom rappelle-t-il en vous quelque souvenir?

HORACE. Oui, en effet, le nom et le visage?

DON LUIS, riant. Oh! regardez-moi tout à votre aise, monsieur; je bénis le ciel qui m'a donné le visage d'un de vos amis, car le plus grand de mes désirs est de devenir aussi le vôtre. Vraisemblablement je vous dois la vie. Permettez-moi de vous serrer la main. (Ils se donnent la main. Horace frissonne à ce contact; don Luis sourit.)

HORACE, appelant. Yvon!

YVON. Monsieur!

HORACE. Sers-nous à souper!

YVON. Mais monsieur est servi depuis longtemps!

HORACE, à Yvon. Un troisième couvert!

TIGRERO. Pardon, cher comte, permettez-moi de souper avec mon vieil ami Curumilla.

HORACE. A ton aise!... (A ses compagnons.) Mangez, mes braves, et mangez bien, car la journée de demain sera rude. (A don Luis.) Permettez-moi, mon jeune cavalier, de vous offrir une place à ma table.

DON LUIS. Volontiers.

HORACE. En vérité, don Luis, si au lieu de ces beaux cheveux bruns qui encadrent si bien votre visage, vous eussiez eu des tresses blondes, tirant un peu sur l'or florentin, au lieu de vous tendre la main, je crois que je vous aurais sauté au cou.

DON LUIS, à table. Bah!

HORACE. Don Luis, je ne vous ai pas dit mon nom!

DON LUIS. J'attends.

HORACE. Eh bien, je suis le comte Horace d'Armançay.

DON LUIS. Êtes-vous ce comte Horace d'Armançay, à qui le président Santa-Anna vient d'accorder une concession de placers dans la Sonore?

HORACE. Précisément.

DON LUIS. On parle de vous à Mexico, et l'on discute vos chances. Prenez garde à un nommé Sharp, un émissaire secret des États-Unis, chargé, dit-on, de créer une compagnie rivale.

HORACE. On m'en a parlé... mais revenons à vous. Vous ne me demandez pas pourquoi si vous aviez eu des cheveux blonds et non des cheveux bruns, je vous eusse fraternellement embrassé ?

DON LUIS, *souriant.* Je vous l'ai déjà dit : j'attends.

HORACE. Vous avez une sœur, don Luis?

DON LUIS. J'en avais une... autrefois!

HORACE. Elle est morte?

DON LUIS. Je ne le crois pas. Elle est partie... loin.... bien loin...

HORACE. En France ?

DON LUIS. Oui.

HORACE. Eh bien, lisez cette lettre.

DON LUIS. De ma sœur, de doña Carmen. (*La parcourant des yeux.*) A vous corps et âme, Horace. Elle me recommande de vous aimer comme un frère... Voici de nouveau ma main, mais cette fois, c'est la main d'un homme dont la vie est à vous.

HORACE. Et voici la mienne, car j'accepte votre amitié, mon cœur étant assez riche pour la payer

DON LUIS. Pauvre sœur! vous l'avez beaucoup connue?

HORACE. Oui, j'ai souvent eu l'honneur de la rencontrer dans le monde parisien.

DON LUIS. Où, sans doute, elle faisait figure.

HORACE. Charmante comme elle était, aurait-il pu en être autrement?

DON LUIS. Mais une étrangère, seule... dans ce monde terrible qu'on appelle le monde parisien. Voyons, soyez franc... La médisance n'a-t-elle jamais cherché à s'exercer sur son compte?

HORACE. J'étais son ami, monsieur!... et celui qui, devant moi, eût osé médire de doña Carmen, se fût bien vite repenti de son impertinence!

DON LUIS, *fort ému et vivement.* Ah! merci, Horace!... pardon!... Vous m'avez parlé de ma sœur, et il me semble à présent que je vous connais et que je vous aime depuis longtemps.

HORACE, *se retournant vers la hutte.* Pardonnez-moi... N'avez-vous pas entendu une plainte? (*Ils se lèvent de table.*)

DON LUIS, *prenant le comte par le bras.* Non, je ne le pense pas... Croyez, comte, que je serai heureux de pouvoir vous rendre ici l'affection que vous avez portée à ma sœur!

HORACE, *inquiet, voulant à tout moment se soustraire à don Luis.* Et je ne manquerai pas d'y faire appel, don Luis.

DON LUIS. Et maintenant, voyons. Dites-moi bien vite en quoi et comment je puis vous servir... Je suis déjà, vous avez pu le voir, au courant de vos affaires. Je sais que vous allez à San Francisco, fonder, avec l'autorisation du président, une compagnie à la fois colonisatrice et militaire, pour exploiter, moitié à votre profit, moitié au profit du gouvernement, les vastes terrains de culture et les riches placers de la Sonore.

HORACE. Pardon... Mais cette fois, j'ai certainement entendu...

DON LUIS. Quoi donc?

HORACE, *en souriant.* Oh! vous n'êtes pas ma première rencontre... voyez plutôt...

SCÈNE VII

LES MÊMES, ANGELA.

ANGELA, *elle sort de la hutte aux bras de Luisa et de Cornelio.* Non, laissez-moi, je me sens la force d'aller moi-même remercier mon sauveur.

DON LUIS, *à part.* Son sauveur!

HORACE, *allant au-devant d'elle.* Ah! señorita, vous ne me devez aucun remercîment... et moi je devrais vous gronder pour votre imprudence... Marcher, lorsque vous êtes à peine remise de votre évanouissement. Permettez-moi de vous présenter don Luis d'Aguilar.

DON LUIS. A qui donc ai-je l'honneur?...

CORNELIO. A la señorita Angela de Torres...

DON LUIS. De la famille du général Guerrero Azelecas, il me semble?...

ANGELA. Sa nièce, señor... Et si j'ai le plaisir de répondre moi-même à vos questions, je le dois à ce gentilhomme qui nous a sauvés des Comanches.... Oh! seigneur cavalier, si vous l'aviez vu pendant le combat... terrible et menaçant!... Il me rappelait le grand saint Michel-Archange, qui est peint dans mon livre d'Heures!...

DON LUIS. Je vois avec plaisir que le comte Horace n'a pas obligé une ingrate!... Et... où vous rendez-vous?

ANGELA. A Guaymas!

DON LUIS. Ah!

ANGELA. Près de mon oncle, le général.

TIGRERO, *s'approchant du comte.* Capitaine, n'oubliez pas que nous devons partir demain de grand matin.

HORACE. C'est juste! Señorita, la lune est déjà haute à l'horizon, et, croyez-moi, le repos vous est nécessaire; pardonnez-moi de prendre congé de vous si vite, mais je réponds de votre santé! A demain, señorita!...

ANGELA. A demain, comte. (*Elle lui tend la main; il la prend par un mouvement spontané; il va pour la porter à ses lèvres, puis il hésite; Angela avance sa main; il l'embrasse.*)

HORACE, *se retournant et saisissant le regard de don Luis sur Angela.* Comme vous la regardez! quel étrange coup d'œil!

DON LUIS. Je me pique d'être observateur, et je cherchais à lire dans les yeux de cette jeune fille, si, dans son cœur, la reconnaissance ne ferait pas bientôt place à un sentiment plus doux!

HORACE. Et?

DON LUIS, *d'une voix sourde.* Et je crois qu'elle vous aimera!

HORACE, *joyeux.* Ah! Dieu vous entende!

DON LUIS, *vivement.* Au revoir, comte! (*Il disparaît rapidement; le comte reste un instant étonné, puis son regard tombe sur Curumilla.*)

HORACE. C'est étrange! pourquoi ce brusque départ?

TIGRERO, *s'approchant d'Horace.* Comte?

HORACE. Qu'y a-t-il?...

TIGRERO. Voilà celui que j'aime le plus au monde, après vous.

HORACE, *faisant un signe à Curumilla qui s'approche.* Alors c'est toi qu'on appelle Curumilla ?

CURUMILLA. Je suis le frère de ton frère!

TIGRERO. Et il vous aimera, car son cœur est de bonne race.

HORACE. Voici ma main. (*Horace et Curumilla se serrent la main.*)

CURUMILLA. Que faut-il faire?

HORACE, *le conduisant près de la hutte où s'est retirée Angela.* Veiller sur cette enfant, comme tu veillerais sur ta femme, sur ta sœur, sur ta mère.

CURUMILLA. Je veillerai. (*Il déploie son manteau, s'assied dessus et tient son fusil entre ses jambes. Angela et Luisa sont rentrées sous la tente; les aventuriers se sont groupés d'une façon pittoresque : Yvon s'approche d'Horace et déploie une peau de tigre; Horace s'en enveloppe et s'étend sur le sol; Yvon se couche à ses pieds. Un rayon de lune donne en plein sur le camp, la tente d'Angela est restée dans l'ombre. Tout à coup Horace, comme agité, se lève, passe la main sur son front, fait quelques pas, s'approche de la tente d'Angela, s'assied sur un tronc d'arbre et contemple l'endroit où elle repose. A ce moment, en haut sur une éminence, éclairé par la lune, paraît don Luis, qui, accoudé contre un arbre, regarde en silence alternativement l'endroit où repose Angela et Horace étendu sur sa peau de tigre. Silence complet, calme profond d'une nuit américaine.*)

TROISIÈME TABLEAU

L'hôtel de la Polka, à San-Francisco.

Une taverne à San Francisco. — Au loin, la ville bâtie en bois, la mer, foule de buveurs et de joueurs de tous les pays. Au lever du rideau on entend au loin de grands cris et des roulements de tambour; arrive un drôle de mauvaise mine battant de la caisse, un autre porteur d'un drapeau noir, enfin, un gentleman assez mal vêtu.

SCÈNE PREMIÈRE

SHARP, DICK, AMANDA, BUVEURS ET JOUEURS.

VOIX DIVERSES, *parlant de différents côtés.* Un grog! Du gin! A boire! Du wiski! Garçon! par ici!

AMANDA, *au comptoir.* Un grog à ce bel homme! On vous sert! C'est bien! Un peu de patience! (*A un mineur au comptoir.*) Vous dites? Ah! un verre d'eau sucrée, cinq dollars! (*A un autre.*) Et vous? que je vous rende sur votre sac de poudre d'or! Je n'ai pas de monnaie! Tiens, quel est ce bruit? Encore un incendie?

VOIX DIVERSES. On ne voit que cela tous les jours. La ville a déjà brûlé trois fois! (*On se groupe. On monte sur des chaises, des tables.*)

SHARP, *à un monsieur.* Ah! cinq piastres pour la chaise, je suis curieux, moi. (*Il monte sur la chaise et prend la place du monsieur. Le cortége est arrivé en scène; au fond roulement de tambours.*)

TOUS. Attention! Attention!

DICK, *l'homme à l'habit, monté sur un buffet.* Habitants de San-Francisco. (*A Amanda.*) Pardon, madame, prêtez-moi le coin de votre comptoir pour cinq minutes. (*Il tousse.*)

SHARP. Tiens! c'est Dick... le banqueroutier de New-York... Brave Dick! Bonjour, honnête Dick!

DICK. Tiens! c'est maître Sharp, le failli de Washington. Je vous salue cordialement, digne maître Sharp... Habitants de San-Francisco, quelle que soit votre nationalité.... Américains,

Mexicains, Brésiliens, Yankees, Anglais, Portugais, Français, Indiens, protestants, mahométans s'il s'en trouve, mineurs, chercheurs, d'or, gambusinos, vendeurs de tout et propres à rien, écoutez tous! .. Notre aimable ville est pleine de filous!...

VOIX. Oui... oui... c'est vrai!

DICK. Silence, messieurs! Je suis déjà très-enroué. J'ai visité tous les environs depuis ce matin. Il est parfaitement reconnu que les plus dignes et les plus honorables gentlemen de l'endroit ne dédaignent pas parfois de piper aux dés... ou de faire sauter la carte au lansquenet. Il y en a même quelques-uns qui vous assassinent...

SHARP. Oui, oui, on est très-expéditif en affaires ici.

DICK. En l'absence de toute justice régulièrement constituée, un comité composé de gens de toutes les nations représentées à San-Francisco, s'est réuni et a proclamé la loi de Lynch.

TOUS. Bravo! oui, oui, la loi de Lynch!

DICK La loi de Lynch! c'est à-dire œil pour œil et dent pour dent! En conséquence, messieurs les filous, messieurs les grecs, messieurs les assassins, et en général les chevaliers du couteau, le gentlemen du révolver, la corporation des pick-pockets, sont prévenus qu'il suffira, pour constituer un tribunal ayant force de loi, de tous ceux qui auraient assisté à la perpétration d'un délit. Que celui qui s'en sera rendu coupable, sera pris, jugé et exécuté dans le délai d'une heure. (Mouvement.) La moindre des peines est la mort; (mouvement) mais le tribunal aura toute liberté d'en régler la forme: fusillement, pendaison, écartèlement, étranglement, eau, fer, feu, corde ou poison, suivant les circonstances! Dieu vous garde de tout mal, messieurs les filous; j'ai dit!

TOUS. Hourra! hourra! pour la loi de Lynch, mort aux voleurs!

AMANDA. Ça fait frémir la nature, et ils appellent cela une loi!

SHARP. Mais s'ils pendent tous les voleurs, il n'y aura plus personne, et avec qui fera-t-on des affaires. Oh! ils ne savent pas coloniser ici! (Il met la main à sa poche et au lieu de son mouchoir, il saisit la main d'un pick-pocket.) Hai! dites donc, vous, et la loi de Lynch.

LE VOLEUR. Pardon, je me trompais!

SHARP, s'essuyant le front avec sa manche. Oh! il avait fait le libre échange avec ma montre, il avait chipé ma montre. Oh! very spirituel, very ingénieux! (L'escorte s'éloigne, roulement de tambour. On a repris ses places; au loin, on joue à la roulette.)

SCÈNE II

LES MÊMES, SANDOVAL.

SANDOVAL. Master Sharp!

SHARP Ah! c'est vous, don Sandoval!...

SANDOVAL, lui remettant un papier. Je vous ai recruté trois nouveaux volontaires dont voici les noms.

SHARP, lisant. John Cox, Irlandais... Platoff, Allemand; Tao-Lin, Chinois. Hum! Chinois... bonne bête de somme; Allemand... bonne commissionnaire; Irlandais, bonne balayeur de ruisseaux; mais Français, bonne soldat: acheter Français.

SANDOVAL. Mais les Français qui sont ici ne sont pas à vendre, ils attendent tous avec impatience un des leurs... le comte Horace d'Armançay, qui se propose de lancer une expédition semblable à la vôtre!

SHARP. Je sais... mais c'est pour cela tout juste, Français... d'ici tous ruinés!...

SANDOVAL. Écoutez, master Sharp, si vous me donnez une belle prime je pourrai vous aboucher avec quelqu'un de très-influent de qui dépendra entièrement l'avenir de votre expédition, avec le général Guerrero, gouverneur de la Sonore.

SHARP, lui donnant quelques bancknotes. Il est ici. Oh! très-commercial! (Sharp est allé s'asseoir à une table de jeu, silencieux, au fond, et Sandoval se dirige du côté de la roulette.

SANDOVAL. Allons faire un tour à la roulette... Master Sharp, au revoir!

SCÈNE III

ALDEGONDE, ARTHUR costume de dandy dégenillé, lorgnon à l'œil.

ALDEGONDE, à Amanda Bonjour, chère.

ARTHUR, arrivant essoufflé, en criant: Aldegonde!

ALDEGONDE. Je ne vous connais pas, laissez-moi tranquille!

ARTHUR. Aldegonde!

ALDEGONDE Vous m'agacez à la fin. Je m'appelle la baronne de Sainte-Aldegonde, ici. Eh bien, que me voulez-vous?

ARTHUR. Mais ce que je veux de toi, c'est toi, ô Aldegonde!

ALDEGONDE. Ne criez donc pas comme ça, vous me compromettez! Amanda, donne-moi un grog... (A Sharp.) Vous permettez?

SHARP. Comment donc!... De belles épaules!... j'aime beaucoup!

ARTHUR. Un grog! et je ne puis pas le lui offrir! mais encore une fois, Aldegonde, je ne suis donc plus ton Arthur!

ALDEGONDE. Regardez-vous, et dites-moi quelle figure une femme de mon chic peut faire dans le monde, au bras d'un gentleman aussi ratissé que vous?

ARTHUR. Et c'est ainsi qu'elle se souvient du passé! de ces heures d'amour...

ALDEGONDE Où vous me faisiez boire du champagne dans un cabinet du Café Anglais, toute la nuit...! si je m'en souviens! je crois bien, mon cher, j'ai failli en devenir poitrinaire! Vous ne m'amusiez déjà pas beaucoup dans ce temps là, aujourd'hui, vous me fatiguez!... vous m'agacez!... Dieu m'agace-t-il! (Allant au comptoir, à Amanda.) Tu ne t'imagines pas combien il m'agace!

ARTHUR. Fragilité! Ton nom est femme! êtes-vous assez fragile, Aldegonde!

ALDEGONDE. Oui je suis fragile! moi je suis le contraire du roseau, je ne plie pas; je romps.

ARTHUR. Elle rompt. — Aïe! j'ai cassé ma bretelle. — Ainsi tout rompt dans la nature, entournures d'habits, bretelles, sous-pieds, chaines de montre, genoux de pantalon, amour, tout! — mais, Aldegonde, pourquoi rompez-vous?

ALDEGONDE. Il me le demande! Mais, mon bon, je croyais que vous étiez venu ici pour trouver un million. Où est le million?

ARTHUR. Il existe! je ne le vois pas, mais il existe! je le sais; mes informations sont sûres.

ALDEGONDE. Vous m'avez déjà dit cela le jour de votre arrivée et depuis ce temps là vous ne faites que perdre à la roulette

ARTHUR. Oui, j'ai perdu tout mon argent... à la roulette et j'ai perdu avec vous toutes mes illusions.

ALDEGONDE. Moi aussi...; mais qui perd gagne!... j'ai le million, moi!

ARTHUR Toi! où l'as-tu trouvé?

ALDEGONDE. Dans la poche d'un Mexicain!

ARTHUR. Horreur!

ALDEGONDE. Mais non! mais non! il est très-beau!

ARTHUR. Aldegonde! au nom du ciel repousse les vœux de cet Inca!

ALDEGONDE. D'abord je ne sais pas pourquoi vous lui donnez des noms! c'est une vengeance mesquine, il est riche, il est distingué, il est bête et il m'épouse; que puis-je exiger de plus... Ah! (Paraît au fond un Mexicain bizarre et silencieux.)

ARTHUR. Quoi!

ALDEGONDE. Le voici!

ARTHUR. L'Inca!

ALDEGONDE. Il s'agit de ne pas me compromettre avant la cérémonie. (Elle lui donne sa main à baiser.) Tenez brave homme! mais n'y revenez plus. Je vous ai déjà tant donné! (Passant avec fierté devant Amanda.) Bonjour, petite! (Elle prend le bras du Mexicain.) On devrait bien interdire la mendicité dans ce département!

SCÈNE IV

LES MÊMES, moins ALDEGONDE.

AMANDA. Bonjour petite! a-t-on vu cette insolente!

ARTHUR. O honte! ô rage! Infamie! désespoir! enfer! méprisé et ruiné! J'ai fait une jolie équipée en venant ici, moi! je croyais y retrouver le comte Horace... pas de comte Horace!... que faire?... que devenir? Je ne sais rien! Si j'avais un métier, au moins, n'importe lequel! Ah! ouiche! A la pension on m'a fait apprendre le latin que je n'ai jamais su... et après cela... on m'a appris à manger de l'argent... ça, par exemple, je le sais...; si j'étais seulement cordonnier, je raccommoderais mes chaussures!... si j'avais de la voix!... je chanterais dans les rues:

Rendez-moi ma patrie,
Ou laissez-moi mourir!

SHARP, lui frappant sur l'épaule. Vous êtes gai, jeune homme!

ARTHUR. Ne frappez donc pas si dur!

SHARP. Eh quoi! mon jeune ami, vous fâcheriez-vous?

ARTHUR. Je ne me fâche pas, seulement...

SHARP, lui montrant le canon d'un revolver. Quoi?

ARTHUR. Rien! Je suis très-gai... là!

SHARP. A la bonne heure... j'aime la gaieté, moâ!

ARTHUR. Ah! vous aimez!...

SHARP. Oui... master Sharp, de Wasinghton, aime la gaieté beaucoup.

ARTHUR. Ça se voit bien! Tiens, c'est un Yankee!

SHARP. Dites à moi! Connaissez-vous ? J'aurais besoin d'un petit Français pour écrire les lettres de moâ!

ARTHUR. D'un secrétaire?

SHARP. Oh! yes... qui saurait aussi faire la barbe de moâ!

ARTHUR. Ah!... alors c'est un coiffeur!

SHARP. Qui porterait encore les paquets de moâ!

ARTHUR. Celui qui porte les paquets, c'est un commissionnaire.

SHARP. Et qui brosserait mes habits... mon chapeau.

ARTHUR. Dites donc, votre ami me fait l'effet de ressembler à un domestique.

SHARP. Oh! non... un ami... factotum.

ARTHUR. Factotum! qui sache tout faire... alors vous avez oublié la cuisine...

SHARP. Cuisine... aussi... française cuisine very bonne!... Je donnerai à ce petit française vingt piastres par jour, et je paie dix jours d'avance, deux cents piastres. Connaissez-vous?

ARTHUR. Deux cents piastres!... Oh! quelle idée! Factotum.. ce n'est pas déshonorant!... je n'ai plus le sou... le comte Horace n'arrive pas!... En un coup de roulette... je puis attraper une fortune!... Bah! (A part.) Mes aïeux ne sont pas là! (Haut.) Dites-moi, j'ai votre homme!...

SHARP. Oh!

ARTHUR, tendant la main. Donnez... les deux cents piastres!... Et tu verras la cuisine que je te ferai!

SHARP. C'est vous!

ARTHUR. Moi-même, j'attends vos ordres.

SHARP. Suivez-moi à la roulette!

ARTHUR. Que la rouge ou la noire me soit propice! Je lui rends ses deux cents piastres, et je le plante-là!

SHARP. Mon ami... votre nom?

ARTHUR. Arthur.

SHARP. Sir Arthur!... J'aime beaucoup... vous êtes très-gai.

SCÈNE V

Les Mêmes, DE SAUVES, moins ARTHUR et SHARP.

DE SAUVES. Il a une sellette de décrotteur sur les épaules. Faites-vous cirer, messieurs, faites-vous vernir! Cirage anglais! vernis parisien!... baume extrà-fin! cirage des sultanes! collyre de la chaussure! Le tout à l'instar du passage des Panoramas! Dernier goût! élégance! propreté! brêveté de tous les gouvernements. Voyons, voyons! messieurs! — Tiens, c'est vous, Amanda!

AMANDA. Monsieur de Sauves! votre servante!

DE SAUVES. Ça va bien?

AMANDA. Vous voyez... je boulotte, et... je caboulotte!... Faites-vous, fortune?

DE SAUVES. Hélas! j'attends ici le comte Horace, et il ne vient pas assez vite à mon gré!

AMANDA. N'est-ce pas lui qui doit être à la tête de cette expédition dont on parle à San-Francisco depuis plusieurs jours!

DE SAUVES. Lui-même... et sitôt son arrivée, adieu le cirage!

AMANDA. Ah! si j'étais homme, je dirais bien vite adieu à la limonade, et je m'engagerais avec vous! Je m'ennuie ici au milieu de cette population de sauvages qui crient et qui se battent toute la journée.

DE SAUVES. Dame! il y a un moyen... de nous suivre... sans changer d'état... devenez notre cantinière!

AMANDA. C'est une idée!... Je ne dis pas non.

UN AMÉRICAIN, frappant sur une table. Un grog!...

AMANDA, au garçon. Cinq dollars!... — Voulez-vous vous rafraichir, monsieur de Sauves?

DE SAUVES. Merci! c'est trop cher pour moi!

AMANDA. Ah! pour vous.. c'est gratis!

DE SAUVES. Trop bonne, merci!

AMANDA. Nous trinquerons à l'arrivée du comte Horace et à notre prochain départ... car c'est dit, je partirai avec vous... J'aime les voyages... ça forme la jeunesse; à votre santé!

DE SAUVES. A votre santé!... Allons, au revoir! je vais gagner mon diner! j'en connais en Europe qui gagnent moins que moi, et qui font encore de plus vilains métiers! (Il s'installe avec sa boite au milieu du café.) Cirage anglais! vernis parisien! (Un Mexicain vient se faire cirer.)

SCÈNE VI

Les Mêmes, ARTHUR.

ARTHUR. Chien de pays! j'ai tout perdu, mes deux cents piastres! (Il se heurte dans la boite à cirage de de Sauves qui tire son revolver et le lui présente.) Je n'ai plus le sou!... Tiens! que vois-je, de Sauves? — Bonjour marquis.

DE SAUVES. Bonjour, Arthur.

ARTHUR. Dans quel état!

DE SAUVES. Armes parlantes... une brosse à souliers sur champ de cirage.

ARTHUR, se baissant près de lui. Ah! si nos aïeux nous voyaient!

DE SAUVES. Ils pensent bien à nous...; donne-moi ton pied?

ARTHUR. Mais...

LE MEXICAIN, tendant son pied. Et celui-ci!

ARTHUR, le bousculant. Laissez-nous!... moi, c'est comme ami.

DE SAUVES. Donne... — au cirage ou à l'œuf?

ARTHUR. Non, à l'œil.

DE SAUVES. Compris! L'autre... (Examinant la botte.) Aïe! la semelle!

ARTHUR. Hélas! ce n'est rien encore!

DE SAUVES. Quoi donc?

ARTHUR. Attends... un coup de brosse à mon habit, pendant que tu y es.

DE SAUVES. Oh! Elbeuf, retour du boulevard... maturité complète!

ARTHUR. Oui, il se dépouille! Mais ce n'est rien encore.

DE SAUVES. Parle donc!

ARTHUR. J'ai tout perdu!.. excepté mon maitre... J'ai un maître, tu entends, un gros, qui ne veut pas me lâcher...

SHARP, au loin. Domestique!... domestique!

ARTHUR. Tiens, le voilà!...

SCÈNE VII

Les Mêmes, SHARP.

SHARP, criant plus fort dans l'oreille d'Arthur. Ah! enfin, te voilà.. c'est bien heureux!... je cherchais vous partout!

ARTHUR. Me voilà!

DE SAUVES. Ah! ce pauvre Arthur! console-toi! Tout à l'heure un coup de roulette changera ta fortune, et ce sera lui qui deviendra ton domestique; au revoir, Arthur! — Allons, messieurs, cirage anglais! vernis parisien! (Il sort.)

SCÈNE VIII

Les Mêmes, moins DE SAUVES.

SHARP. Il faut partir tout de suite!

ARTHUR. Eh bien, bonjour!

SHARP. Vous partir avec moâ, prendre fusil, soldat à moâ!

ARTHUR. Je suis soldat, à présent!

SHARP. J'ai fondé une compagnie... pour exploiter les placers...

ARTHUR. Ah! mais non;... dites donc... j'attends le comte Horace... moi... je suis de la compagnie française... Halte-là!... je lui ai donné ma parole... à Paris...

SHARP. Moi, j'ai donné ici mon argent...

ARTHUR. Oui... mais nous n'avons pas parlé de coups de fusil... il a été convenu que j'étais votre ami...

SHARP. Pour tout faire! Soldat, ou rends l'argent.

ARTHUR, criant. Pas soldat! pas d'argent!

SHARP. Et mes deux cents piastres d'avance.

ARTHUR, montrant la roulette au fond. Vos avances! ah bien!... elles sont loin, si elles tournent toujours.

SHARP, se levant furieux. Ah! petite gredine! tu as fait tourner mes avances?... Alors, tu vas me suivre chez le coroner.

ARTHUR. C'est sérieux?

SHARP, à la foule. Gentlemen! Messieurs! sachez que j'ai payé cette garçonne pour servir moâ... et qu'il a pris deux cents piastres pour servir moâ... et qu'il refuse de servir moâ... c'est un coquin, il faut qu'il serve moâ ou qu'il rende l'argent!

VOIX. Oui, c'est juste! qu'il rende l'argent!

SHARP. Ou qu'il serve moâ!

ARTHUR. Au nom de tout ce que tu as de plus cher au monde!

SHARP. Rends l'argent!

ARTHUR. De ta mère!

SHARP. Rends l'argent!

ARTHUR, entouré par une foule qui crie. De vos mères!

VOIX DIVERSES. L'argent! l'argent!

ARTHUR, criant à tue-tête. Mais je n'en ai pas d'argent!

SHARP. Alors... soldat ou la prison!

ARTHUR. Ma vie!... la vie d'Arthur pour deux cents piastres!

TIGRERO, sortant du fond. Tenu!

ARTHUR, s'essuyant le front. Ah! merci, mon Dieu! (Il se précipite dans les bras de Tigrero.) Vous êtes mon sauveur!... mon... Tiens... bonjour Valentin!

SCÈNE IX

LES MÊMES, TIGRERO.

TIGRERO. Bonjour! (Il lui serre la main.) Laissez-moi d'abord vous libérer! Voilà vos deux cents piastres. (Il paie Sharp qui se retire suivi d'une foule qui crie et tend la main.) Et maintenant, causons! (Frappant sur une table.) Garçon, du wisky, du mescal, du gin. (A Arthur.) Aimez-vous le mescal, le gin, le wisky?

ARTHUR. J'aime tout, depuis que je n'aime plus Aldegonde!

TIGRERO, riant. A propos, comment vous trouvez-vous ici?

ARTHUR. C'est absurde! quand le comte eut quitté Paris avec vous et de Sauves, je me retrouvai baillant sur les boulevards... Vous le savez, j'étais l'ombre portée du comte! quand il avait donné le la, j'entonnais le refrain, j'avais son tailleur, son bottier, son gantier, tout enfin... Pour me distraire, je m'arrachai à l'amour d'Aldegonde, et j'eus tort!

TIGRERO. Pourquoi ça?

ARTHUR. Parce que je m'aperçus bientôt que j'avais changé de bouteille, mais que c'était toujours le même vin bleu! Aussi je ne fus pas longtemps à planter là ma nouvelle maîtresse, pour courir après l'ancienne. Aldegonde était partie au Havre, je l'y suivis; Aldegonde s'était embarquée pour San-Francisco, dans l'espoir de se lier intimement avec un million, je m'embarquai pour San-Francisco, dans l'espoir de renouer mes relations avec Aldegonde.

TIGRERO. Eh bien?

ARTHUR. Eh bien... c'est une intrigante! les grandeurs lui ont monté au cerveau! moi je me suis ruiné. Regardez, je porte de la charpie sur le corps en place de chemise, mon habit n'a plus qu'un pan, de sorte que je ressemble à un moineau déplumé.

TIGRERO. Et de Sauves, l'avez-vous vu? il doit être ici.

ARTHUR. De Sauves? il cire des bottes! Enfin, croiriez-vous que, pour ne pas mourir de faim, j'ai été obligé de me louer comme domestique... et penser que là-bas, en France, un jour, j'aurai quarante mille livres de rente... que mon père, mon brave et honoré père (Il se découvre) a gagnées dans les gants de filoselle. (Criant.) Ah! elle est mauvaise!... elle est mauvaise!... (Portant la main à son pantalon.) Encore un bouton de moins!

TIGRERO riant. En effet! (Ils trinquent.)

ARTHUR. A vous, mon libérateur!

TIGRERO. Attendez! ne m'appelez pas si vite votre libérateur! vous n'avez jamais été moins libre, mon cher!

ARTHUR. Qu'est-ce que vous dites?

TIGRERO. Et mes deux cents piastres!

ARTHUR. Lui aussi... il a acheté ma liberté!

TIGRERO. Je suis en train de recruter des hommes, des Français de préférence, pour le comte Horace d'Armançay, votre ami, et...

ARTHUR. Il est arrivé? alors très-bien! bravo! vivat! hourra! Horace for ever!

UN GAMBUSINO, devant le comptoir. Ne parlez donc pas si fort, vous?

ARTHUR, furieux. Hein! quoi! Dites donc, vous savez, vous n'êtes pas mon père, vous!

LE GAMBUSINO, se levant. Qu'est-ce que c'est?

ARTHUR. Et, comme vous n'êtes pas mon père, je me moque de vous! voilà comme je suis... Le comte est ici... je redeviens brave!... Ah! messieurs les Indiens, les Mexicains, les Yankees, vous allez apprendre ce que c'est qu'Arthur Bellamy, quand il est aux côtés du comte Horace d'Armançay, son intime. (Le Gambusino entraîné par ses compagnons, retourne boire.)

TIGRERO. Bravo! Arthur, je vous nomme caporal.

ARTHUR. C'est ça! et maintenant nous ne formerons plus qu'une seule famille! j'arrose mes galons. (Criant.) Garçon!

LE GARÇON. Voilà!

ARTHUR. Du gin! beaucoup de gin! trop de gin!

TIGRERO. Si toutes mes recrues ont cet enthousiasme, nous sommes sûrs de réussir.

ARTHUR. Et où allons-nous?

TIGRERO. En Sonore.

ARTHUR. Qu'allons-nous y faire?

TIGRERO. Fortune.

ARTHUR. Tiens, ça me va! autant faire ça qu'autre chose. (Pendant ce temps, un mineur d'une allure étrange est entré et s'en est allé de groupe en groupe. Il a regardé Tigrero d'une façon toute particulière.)

GUERRERO, en mineur, à part. Don Cornelio ne m'a pas trompé... voici des Français, le comte Horace ne doit pas être loin. (On entend un grand bruit dehors.)

ARTHUR. Le comte! ah! (Il passe vivement la main dans ses cheveux, lustre son chapeau, tire son gilet, et essaie de mettre des fragments de gant.)

SCÈNE X

LE COMTE HORACE, ARTHUR, TIGRERO, YVON, GUERRERO.

Le comte entre suivi d'un grand nombre d'individus, Yvon est à ses côtés, dégageant le comte de la foule qui se presse sur ses pas.

HORACE, à Yvon. Inscris les volontaires! (A Tigrero.) Viens ici, j'ai des ordres à te donner. (Au moment où le comte Horace est entré, Guerrero s'est levé précipitamment et l'observe sans le perdre des yeux.)

DE SAUVES. Allons, mon cher Yvon, inscris Édouard de Sauves, de Paris!

HORACE, se retournant. De Sauves!... Ah! votre main, cher ami! je vous ai fait attendre.

DE SAUVES. Un peu!... et ici il est impossible à un médecin de se former une clientèle!... On n'est pas malade, on se tue!...

HORACE, riant. Les temps d'épreuve sont passés... Vous serez le major de notre petit corps d'armée!... Tout va bien, avant une heure, j'aurai enrôlé mes hommes et trouvé mon argent, l'annonce de notre projet a fait tourner les têtes.

TIGRERO. Et voici une recrue à laquelle vous ne vous attendiez guère! (Il lui montre Arthur.)

HORACE. Ah! c'est vous, enchanté de vous revoir!

ARTHUR, saluant comme au Café de Paris. Comment donc, cher! (Ils se serrent la main.) Inscrivez! Arthur Bellamy, 23, rue Notre-Dame-de-Lorette, membre du club des merles!...

TIGRERO, de loin. Caporal!

ARTHUR. Bon!

HORACE. Non pas... lieutenant.

ARTHUR. Également bon! mon bon!

HORACE, s'éloignant, à Arthur. Vous êtes donc tout-à-fait ruiné?

ARTHUR. Mon Dieu oui, cher comte... (Arthur s'est approché d'Yvon et de Tigrero, ils forment groupe au fond.)

GUERRERO, qui s'est approché d'Horace. Vous êtes bien monsieur le comte Horace d'Armançay?

HORACE. Oui.

GUERRERO. Je désirerais vous parler.

HORACE. Je t'écoute, l'ami. (Mouvement de fierté de Guerrero.) Qu'as-tu?

GUERRERO. Rien.

HORACE. Dépêche.

GUERRERO. C'est vous qui avez sauvé doña Angela, au moment où elle allait tomber entre les mains des Indiens.

HORACE. Comment sais-tu cela?

GUERRERO. Le général Guerrero, son oncle, vous doit de grands remerciments, et comme gouverneur de la Sonore, il peut vous être d'une grande utilité.

HORACE. Est-ce là tout ce que tu as à me dire?

GUERRERO, se rapprochant mystérieusement. Non.

HORACE, l'arrêtant. A quelles sortes de mines travailles-tu donc? tu as les mains blanches.

GUERRERO, un peu troublé. Eh! laissez-là mes mains et faites attention à mes paroles! Le Mexique est une nation perdue, si le sort ne lui suscite un homme pour la conduire à de meilleures destinées... Eh bien, le seul homme qui puisse à cette heure entreprendre sa régénération...

HORACE. C'est?

GUERRERO. Le général Guerrero.

HORACE. Ah!

GUERRERO. Le général Guerrero, est, vous ne l'ignorez pas sans doute, le descendant direct des empereurs Incas, le sang de Montézuma coule dans ses veines. Aussi, possède-t-il sur les Indiens un immense pouvoir, capable de contrebalancer tous les autres pouvoirs de l'État. De tous les temps, la famille Guerrero, demeurée à demi-indépendante, est restée pour les populations à peine civilisées le chef légitime. Or, une révolution est imminente.

HORACE. Achève.

GUERRERO. Demain, tombera le pouvoir abâtardi de Santa-Anna.

HORACE. Et le général Guerrero?

GUERRERO. Le général Guerrero, qui se connaît en braves,

ne sera point ingrat envers ceux qui l'auront aidé dans sa tâche; il saura distinguer entre les amis de la première heure, et ceux de la dernière. Si pour lever l'étendard de l'indépendance, pour commencer l'agitation, le général Guerrero avait compté sur cinq cents braves aventuriers, comme ceux que vous levez en ce moment, si vous lui donniez l'appui de votre épée, il reconnaîtrait ce service, pour vos compagnons par de l'or; pour vous, non par une riche hacienda, mais par une province tout entière!

HORACE, le regardant. Le général est généreux!

GUERRERO. Nul doute qu'il ne vous offre dans son armée un grade supérieur.

HORACE. C'est magnifique!

GUERRERO. Une haute fonction dans son gouvernement.

HORACE. C'est splendide!

GUERRERO. Ainsi, c'est convenu?

HORACE. Quoi?

GUERRERO. Vous êtes avec nous?

HORACE. Ah! ça, dis-moi, tu ignores donc une chose, toi qui cependant as l'air de tout savoir (mouvement de Guerrero) c'est que Santa-Anna, qui m'a donné la concession des terres que je pourrais conquérir, et le privilége de lever une troupe armée, a eu foi en mon honneur de gentilhomme? Santa-Anna, président de la république mexicaine, ordonne aux autorités, non-seulement de me traiter en ami, mais de me fournir ce dont j'ai besoin, et tu viens me parler de le trahir? hors d'ici, drôle!

GUERRERO. Monsieur le comte, vous ignorez dans quel pays vous êtes?

HORACE. Tu oublies de quel pays je suis!

GUERRERO. Souvenez-vous que votre troupe doit passer en Sonore, dont le général est gouverneur.

HORACE. Le comte Horace d'Armançay va partout, et quand il rencontre des obstacles, il les écarte, ou il les brise! (Il va au comptoir vérifier les listes d'Yvon, qui pendant la première moitié de cette scène a continué d'inscrire les engagés volontaires. Pendant ce dialogue, un homme enveloppé d'un zarapé, s'est avancé lentement, a examiné le comte et Guerrero et a suivi le jeu de physionomie des deux interlocuteurs.)

SCÈNE XI

LES MÊMES, DON LUIS.

GUERRERO, regardant partir le comte. Voici un Français bien orgueilleux et bien téméraire. (Horace a rejoint Tigrero, de Sauves, etc. Ils se sont écartés par la droite.)

SCÈNE XII

GUERRERO, DON LUIS.

Guerrero s'a[illegible]ssis à une table, don Luis s'asseyant à côté de Guerrero et bas.

DON LUIS. Général, n'avez-vous pas assez de puissance pour ne pas le craindre?

GUERRERO, en sursaut. Hein! Qui êtes-vous?

DON LUIS. Je viens de la part de don José d'Aguilar.

GUERRERO. D'Aguilar, de Mexico?

DON LUIS. Voici deux mots de lui, pour vous.

GUERRERO, lisant. Vous êtes son neveu! je croyais qu'il n'avait qu'une nièce.

DON LUIS. C'est que vous connaissez mal sa famille. Je me nomme don Luis d'Aguilar; si je suis bien informé, vous êtes ruiné, vous vivez d'expédients, quoique gouverneur de la Sonore, et vous êtes le tuteur d'une nièce... orpheline, qui a cinq millions de fortune; suis-je bien renseigné?

GUERRERO. Est-ce là tout ce que vous êtes venu me dire?

DON LUIS. Vous conspirez la chute de Santa-Anna, et il vous faut de l'argent. Quelle que soit la somme dont vous ayez besoin, j'ai mission de vous la proposer.

GUERRERO. De la part de don José?

DON LUIS. Vous savez qu'il est le plus riche banquier des Amériques?

GUERRERO. Je le sais... Et que demande don José et échange du service qu'il me propose?

DON LUIS. Une seule chose.

GUERRERO. Laquelle?

DON LUIS. Que vous épousiez doña Angela, votre nièce!

GUERRERO, souriant. C'est là tout? Ah! je comprends! on veut que la fortune de doña Angela garantisse le prêt.

DON LUIS. C'est cela! mais ne croyez pas la chose facilement réalisable. A l'heure où je vous parle, le cœur de votre nièce pourrait bien être pris, et vous savez si le cœur est entêté chez les Mexicaines. Doña Angela aime son sauveur.

GUERRERO. Le comte Horace?

DON LUIS. Et il mérite d'être aimé; vous venez de le voir.

GUERRERO, haussant les épaules. Est-ce là le seul obstacle à mes projets?

DON LUIS. C'est du moins le plus grand.

GUERRERO. Dans quinze jours, à mon château d'Hermosillo, je vous présenterai ma fiancée.

DON LUIS. Et dans quinze jours, don José ou son représentant vous y comptera la somme que vous indiquerez.

GUERRERO. C'est bien! au revoir!

DON LUIS. Au revoir!

SCÈNE XIII

HORACE, ARTHUR, TIGRERO, DE SAUVES, GUERRERO, SHARP, SANDOVAL, YVON, FOULE.

VOIX DE LA FOULE. Oui! oui! parlez! parlez! l'expédition est superbe...! C'est une vraie affaire! moi je m'engagerai!

HORACE, montant sur une table. Gentlemen! Caballeros! Señores! messieurs! depuis longtemps déjà vous connaissez mes projets, le gouvernement les approuve, nos actions font prime, notre entreprise est magnifique. Ceux qui partiront avec nous sont assurés de trouver dans cette expédition la fortune et la gloire! Deux cents braves se sont déjà fait inscrire, ces noms deviendront un jour célèbres.

TOUS. Oui, oui!

SHARP, à mi-voix. Célèbres, devant les tribunaux! (On voit un certain nombre d'hommes amenés par Cornélio, se grouper autour de Guerrero. Parmi ces hommes, Sandoval qui lui présente Sharp.)

HORACE, continuant. Il ne manque plus qu'une centaine d'hommes!

GUERRERO. Il lui faut encore des victimes!

HORACE. Gentlemen! c'est à votre courage, à votre ambition que je viens faire appel! Qui veut de la gloire? qui veut de l'or? (On entend des murmures divers.)

SHARP. Qui veut des coups?

GUERRERO. Qui veut mourir de faim?

SANDOVAL. Qui veut épouser la potence?

GUERRERO. C'est un intrigant qui vous trompe! Il ne connaît même pas le pays dont il parle.

SANDOVAL. C'est vrai, il ne le connaît même pas! (Le comte descend et se jette au milieu de la foule qui recule.)

TIGRERO, qui s'est approché du comte. C'est cet homme qui déconsidère l'expédition! (Il prend son révolver.) Je vais lui casser la tête d'un coup de révolver.

HORACE, froidement. Laisse-moi faire. Messieurs, je sais qu'il y a parmi vous un homme qui ment et qui prétend que je n'ai pas d'autorisation du gouvernement mexicain. Cet homme je le dénonce à votre mépris, le voilà!... (Il va prendre Guerrero dans le groupe et l'amène au milieu de la scène.)

GUERRERO, avec énergie. Prenez garde, monsieur, je vais vous tuer!

LES HOMMES DE SON PARTI. Bravo! bravo!

DE SAUVES. Lui! c'est bien lui! Valentin, c'est Guerrero!

TIGRERO. Oui! voilà la cicatrice que lui a faite mon couteau!

HORACE. Pardon, monsieur, n'avez-vous pas dit que vous vouliez me tuer?

GUERRERO. Oui, si vous n'expliquez pas...

HORACE. Mes paroles... c'est ce que je vais faire. Messieurs, cet homme est un menteur, un traître et un lâche! Un menteur, parce qu'il affirme que je n'ai pas de concession du gouvernement mexicain! cette concession, la voici, signée de Santa-Anna! Un traître, parce qu'il n'y a qu'un quart d'heure, encore, cet homme me proposait un marché honteux. Un lâche, enfin, parce qu'il n'ose pas dire qui il est et se cache sous un habit d'emprunt.

DE SAUVES, bas à Tigrero. Si je le lui disais, son nom?

TIGRERO. Arrête! il ne le tuerait pas.

GUERRERO. J'espère que vous allez me rendre raison.

HORACE. A l'instant!... messieurs l'affaire va se vider ici même. Que l'on s'écarte. (La foule se retire au fond.) Monsieur, dont j'ignore le nom, vous êtes l'offensé, c'est donc à vous de tirer le premier... vous allez tirer sur moi, à six pas. (Les assistants se divisent en deux groupes, le comte croise les bras.)

YVON. Comment, monsieur, vous appelez cela un duel!

TIGRERO. C'est impossible!

DE SAUVES. C'est trop de générosité!

HORACE. Laissez-moi, messieurs, il faut imposer à cette foule qui nous lapidera dans un quart d'heure, si nous ne la domptons à force d'audace. — Êtes-vous prêt, monsieur.

DE SAUVES. Sois tranquille, Tigrero, le crime n'a pas la main sûre.

GUERRERO, sur le point de tirer. Tigrero!... (Sa main tremble; il tire.)

HORACE. Vous êtes un bien mauvais tireur! (Armant son pistolet.) A moi, monsieur!

DE SAUVES. Ami, j'espère que vous n'allez pas épargner cet homme, l'assassin de sa belle-sœur! l'assassin de son frère! c'est Guerrero!

HORACE. Guerrero! l'oncle d'Angela!

GUERRERO. Eh bien! monsieur, en finirez-vous?

HORACE. Monsieur, vous dont je sais le nom à cette heure, et que je peux perdre en nommant, je ne veux vous donner qu'une leçon de politesse..., quand deux gentilshommes français se trouvent face à face, pour se tuer, ils ont coutume de se saluer... vous avez eu tort de garder devant moi votre chapeau sur la tête. (Il tire, le coup part et le chapeau de Guerrero vole à vingt pas.)

ARTHUR, enthousiasmé. Enlevé!... c'est pesé!..

TOUS. Hourra! bravo le comte! vive Horace d'Armançay! (Foule près d'Yvon, au fond.)

VOIX DE LA FOULE. Moi! je m'engage, moi! moi!

VOIX. En Sonore! en Sonore!

(Tableau.)

ACTE DEUXIÈME

QUATRIÈME TABLEAU

Le Flibustier.

Salon mexicain richement meublé. — A droite et à gauche, salons à pans coupés, illuminés, au fond galerie.

SCÈNE PREMIÈRE

GUERRERO, ANGELA, ANTONIA, INVITÉS, SANDOVAL, SHARP.

GUERRERO au fond du théâtre; tous sont groupés autour de lui, il tient Angela par la main. Messieurs, je vous remercie d'avoir bien voulu vous joindre à moi pour fêter le retour de ma nièce bien aimée! (Les officiers lui serrent la main.) Merci! merci! — Angela cette affection de tous ne vous rend-elle pas heureuse? Serez-vous la seule à ne la pas partager?

ANGELA, bas. Mon oncle!

GUERRERO, même jeu. Souriez mon enfant! Si vous saviez combien je serais heureux de vous voir sourire!...

ANTONIA. Et si vous avez quelque tristesse au fond du cœur, doña Angela, vous nous direz vos chagrins de jeune fille, notre amitié saura les éloigner.

GUERRERO. Elle tremble encore de la grande frayeur que lui ont faite les Indiens.

ANTONIA. Vous avez couru de grands dangers, señorita, pendant votre voyage! oh! je ne vous quitte plus, vous allez nous conter cela?

SANDOVAL. Une partie de monté, messieurs! (Ils sortent à droite.)

SCÈNE II

GUERRERO, SHARP, puis SANDOVAL, ANTONIA, ANGELA.

GUERRERO, à Sharp. Eh bien! quelles nouvelles de New-York?

SHARP. Le dernier courrier est bon.

GUERRERO. Mais vous le savez, il me faut de l'argent tout de suite.

SHARP. Vous aurez de l'argent, beaucoup, quand les mineurs de notre compagnie seront entièrement maîtres des placers de la Sonore.

GUERRERO. Mais votre compagnie américaine est déjà formée...

SHARP. Oui! mais la compagnie française n'est pas déformée assez.

GUERRERO. La bande du comte Horace, qui campe depuis hier à une lieue d'Hermosillo? Ah! tranquillisez-vous, elle ne subsistera pas longtemps!

SHARP. Eh bien, quand elle ne subsitera plus... du tout... la compagnie américaine vous versera les sommes convenues.

GUERRERO. Diable d'homme!

SANDOVAL, rentrant. Décavé!

ANTONIA, revenant avec Angela. Mais on m'avait peint ces Français sous des couleurs horribles, des pirates, des coupeurs de bourses, que sais-je?

ANGELA, s'animant peu à peu et arrivant jusqu'à l'enthousiasme. Ah! señora, celui-là est un homme noble, brave, vraiment généreux. Si vous l'aviez vu au combat: terrible, menaçant, rapide comme la foudre, au plus fort de la mêlée; puis, quand il m'eut sauvée et transportée mourante jusque dans son camp, me disputant une seconde fois à la mort; oh! je vous l'ai dit, señora, cet homme est grand!

GUERRERO, qui pendant cette tirade s'est approché et a écouté. A l'enthousiasme de ma charmante nièce, je devine qu'il s'agit de son mystérieux sauveur, de ce héros de la forêt. Ce monsieur ne s'est-il pas mis dans la tête, sous prétexte de je ne sais quelle autorisation du gouvernement...

SANDOVAL. De quoi se mêle le gouvernement, je vous prie!

GUERRERO. Ce héros à bon marché s'est imaginé d'aller, avec des aventuriers de son espèce, conquérir les placers de notre province pour les exploiter.

SANDOVAL. Mais c'est du vol à main armée!

GUERRERO. C'est de la folie! Ce prétendu comte Horace fait mine de résister aux ordres que je lui ai intimés, mais je saurai le châtier, comme il le mérite. Dans ce cas, messieurs, je donnerai trois mille piastres à celui qui me l'amènera vivant, car je ne veux pas que ce coquin ait l'honneur de mourir de la mort du soldat.

ANGELA, pendant le récit de Guerrero s'est montrée fort émue, aux dernières paroles, elle vient se placer en face de son oncle. Mon oncle, vous ne ferez pas cela!

GUERRERO, furieux, mais souriant hypocritement. Ah! oui... j'oubliais... le héros!...

ANGELA. Mon oncle, vous ne tuerez pas l'homme qui a sauvé la vie à celle que vous prétendez aimer!

GUERRERO, bas. Angela, cette voix qui s'élève pour défendre un étranger, pourrait me dicter des ordres, car je vous aime, Angela, je vous l'ai dit, il faut que vous soyez ma femme.

ANGELA. Il faut!

GUERRERO, s'animant peu à peu. Doña Angela, en dehors de mon amour, il y a des convenances de famille, des intérêts d'État qui rendent cette union indispensable.

ANGELA. Mon oncle, je vous ai déjà répondu que la mort me semblerait préférable à la contrainte de ma volonté.

GUERRERO, avec un mouvement de rage. Votre volonté! (Voyant don Luis qui entre.) Ah! don Luis?

DON LUIS. Laissez-moi lui parler; j'ai autant d'intérêt que vous à ce que votre mariage s'accomplisse. (Depuis quelques instants on a entendu au fond un orchestre jouer des airs de contredanse; petit à petit les assistants se sont éloignés.)

SCÈNE III

DON LUIS, ANGELA.

ANGELA, regardant sortir Guerrero. Cet homme m'effraye, je ne sais quelle terreur invincible je ressens en sa présence.

DON LUIS. Vous souffrez, doña Angela?

ANGELA. Oui! don Luis!

DON LUIS. Eh bien si vous connaissez le caractère de Guerrero, vous devez savoir que sa volonté s'accroît en raison de la grandeur des obstacles. Aujourd'hui, l'obstacle à ses desseins c'est le comte, il le brisera!

ANGELA. Mais le comte m'a sauvé la vie!

DON LUIS. Oui, et il vous a inspiré un amour qui sera sa perte, comme il sera la vôtre! Réfléchissez, doña Angela!...

ANGELA. Oh! mes réflexions sont toutes faites... J'ai là, dans le cœur, un sentiment que j'ignorais il y a un mois, et qui depuis qu'il y est entré commande en maître. Je me suis juré de n'obéir qu'à cet amour né aux portes de la mort et fait d'admiration et d'entraînement... Ah! je ne serai qu'au comte ou au cloître! (Elle descend.)

DON LUIS. Cela empêchera-t-il le comte de mourir?

ANGELA, le regardant avec défiance. Mais... depuis le jour où je vous ai rencontré, vous êtes devenu le commensal, le familier de mon oncle. Êtes-vous bien sincèrement resté l'ami du comte?

DON LUIS, lui prenant les mains. Moi! oui... oh! oui!

ANGELA. On dirait que vous êtes ému!

DON LUIS. Je pense au funeste dénoûment que peut avoir cet amour!... Vous aimez, dites-vous? (Avec élan.) Ah! si j'étais femme, moi, et si j'aimais, et si mon amour devait coûter un cheveu à la tête adorée, je renfermerais cet amour dans mon âme, et je lui dirais, à cet homme: Sois grand, sois libre, suis tes rêves, sans que ton regard dévie, sans que ta pensée s'arrête aux mesquines passions de la terre! Mon amour, je le ferai grand comme toi!

ANGELA. Ah! moi aussi, je n'hésiterais pas devant le sacrifice!...

DON LUIS. Que m'importerait le reste, alors!... que m'importerait de donner à un époux imposé, ce qui est destiné à la terre?... Ne serais-je pas maîtresse de mon âme? Ne resterais-je pas maîtresse de mon amour?

ANGELA. Oh! vous avez dû bien aimer, vous!

DON LUIS, sombre. Oui! et qui sait? Si je vous parle ainsi, c'est peut-être parce que j'aime encore!

ANGELA, moment de silence, puis sanglotant. Ah! don Luis, je souffre bien!

DON LUIS. Je ne vous dirai plus qu'un mot, doña Angela! Des ordres sont déjà donnés pour attaquer le comte; des espions sont déjà mis en campagne pour s'emparer de lui et le livrer à une justice sommaire!

ANGELA. Qu'entends-je?

DON LUIS. Et c'est vous qui l'aurez perdu.

ANGELA avec force. Oh! non! non! cela ne sera pas. (A part.) Mon oncle!...

SCÈNE IV

LES MÊMES, GUERRERO.

GUERRERO, bas à don Luis. Merci!

DON LUIS. Rassurez cette chère enfant, elle s'imagine que vous lui tenez rigueur.

GUERRERO. Moi! je ne forme qu'un vœu, doña Angela, celui de vous rendre heureuse.

ANGELA. Heureuse! mais alors pourquoi persécuter, pourquoi menacer ceux qui se sont dévoués pour moi?

GUERRERO. Parce que ceux-là se font payer leur dévoûment en vous arrachant à votre famille et en vous détournant de votre devoir.

ANGELA. Oh! personne ne l'a tenté!

DON LUIS. Vous voulez son bonheur, général... Qui vous dit que doña Angela veuille s'opposer au vôtre?

GUERRERO, à Angela. Dirait-il vrai!

DON LUIS. Mais en un pareil jour, c'est un devoir d'oublier les offenses! Etes-vous donc si cruellement blessé de cette folle équipée du comte Horace, qu'il vous faille absolument vous venger?

GUERRERO. Ma chère Angela, il y a telle circonstance où le cœur est si plein de joie qu'il n'y reste plus de place pour la haine.

ANGELA. Et ai-je réellement quelque puissance sur votre esprit?

GUERRERO. Sur mon esprit comme sur mon cœur, ma nièce bien-aimée, peut tout.

DON LUIS, à Angela. Ordonnez, alors!

GUERRERO. Et j'obéirai.

ANGELA. Cette mise à prix cruelle, prononcée par vous, tout à l'heure, la retirez-vous?

GUERRERO. Je la retire.

ANGELA. Voici ma main. (A part.) Son baiser m'a fait froid jusqu'au cœur!

DON LUIS, à part. Ah! Horace, comme elle t'aime!...

GUERRERO, remontant vers la galerie du fond. Mesdames, messieurs, associez-vous à ma joie, Dieu m'a envoyé un de ses anges pour me consoler des tristesses de la vie. (Allant prendre Angela par la main et l'amenant dans le cercle.) Doña Angela, ma nièce bien-aimée, consent à m'accorder sa main.

ANTONIA. Chacune de nous, señorita, priera le ciel pour que vous ayez tout le bonheur que vous méritez.

GUERRERO, à don Luis. Eh bien, ai-je rempli la condition imposée par votre oncle?

DON LUIS. Mon cher général, le contrat de mariage n'est pas encore signé!

GUERRERO. Il va l'être tout à l'heure.

SCÈNE V

LES MÊMES, CORNELIO.

CORNELIO, bas. Le Français est là!

GUERRERO, haut. Quel Français?

CORNELIO, de même. Le comte Horace.

GUERRERO. Elle est ici! Parbleu c'est trop d'audace!

CORNELIO. Il vient en parlementaire, et demande à être introduit.

GUERRERO, bas à Cornelio. C'est bien! (Haut.) Messieurs, la fête sera complète.

ANTONIA. Mais, général... Est-ce que vous allez le recevoir ici, ce flibustier?

GUERRERO, riant. Ce sera une curiosité! (Cornelio s'approche, le général lui parle bas à l'oreille.) Cornelio, écoute. Si je te dis quand tu le reconduiras : par le grand escalier ; cela signifiera, ami. Si je te dis: par les jardins, cela signifiera...

CORNELIO. Qu'un accident peut arriver... compris!

GUERRERO. L'accident? c'est une des lois les plus utiles du Mexique. Introduisez M. le comte Horace d'Armançay! (Don Luis qui observait Guerrero, s'est éloigné depuis une minute.)

SCÈNE VI

LES MÊMES, HORACE.

UN DOMESTIQUE, annonçant. Monsieur le comte d'Armançay! (Mouvement parmi les invités, les officiers se groupent autour de Guerrero.)

HORACE en tenue de soirée. Me pardonnerez-vous, général, de me présenter ainsi à vous sans avoir sollicité d'avance une introduction; m'excuserez-vous surtout d'arriver en fâcheux, vous entretenir d'affaires alors que le plaisir, ici, est une occupation bien autrement grave que l'intérêt qui m'amène?

GUERRERO. Soyez le bienvenu, monsieur, et ne vous excusez pas. Mon temps est aux affaires publiques, avant d'être au plaisir.

ANTONIA, à une dame mexicaine. Mais il est très-convenablement mis, ce pirate, et il s'exprime vraiment en fort bons termes.

GUERRERO. Veuillez donc me faire l'honneur de vous asseoir.

HORACE. Ne me permettrez-vous pas, général, d'aller offrir mes hommages à la señora, votre nièce? Voulez-vous bien me présenter?

ANGELA. Oh! monsieur le comte, vous vous êtes présenté tout seul et d'une façon chevaleresque dont je me souviendrai toute ma vie!... Comment pourrai-je vous exprimer ma reconnaissance?

HORACE. Votre reconnaissance, señora, ce n'est qu'à Dieu qu'il faut l'adresser; il m'a donné la force, parce que c'était un de ses anges qui était en danger!

ANTONIA. Mais il est charmant, cet écumeur de mer! (A Angela.) Señora, est-ce qu'il sont tous comme cela?...

GUERRERO, faisant asseoir le comte; tout le monde s'assied. Monsieur le comte, vous commandez, si je ne me trompe, une expédition en marche pour la Sonore?...

HORACE. Vous ne vous trompez point, général; du reste, j'avais déjà eu l'honneur de me trouver en rapport avec vous, si vous vous en souvenez.

GUERRERO, bas. Où donc, monsieur?

HORACE, bas. A San-Francisco.

GUERRERO, bas. Monsieur!

HORACE, haut. Non, non, je me trompe. En Europe, n'est-ce pas? à Paris, autant que je me le rappelle!... à Paris, où vous m'aviez pris une donné rendez-vous en Sonore!... j'ai promis, et me voici! oh! je suis d'une exactitude de chronomètre!

GUERRERO. Et, en quoi, monsieur le comte, pourrais-je vous être utile?... (Musique au lointain.)

HORACE. Voici! (Se levant.) Mais en vérité, j'ai honte, mesdames, d'interrompre ainsi cette fête, et qu'un gentilhomme de France soit assez peu galant pour jeter des préoccupations sérieuses au milieu des plaisirs.

GUERRERO, impatienté. C'est pourquoi, monsieur, il faudrait me confier le plus vite possible le motif de votre visite!

HORACE, assis. Général, lorsque j'ai médité une expédition aux placers de la Sonore, vous devez bien comprendre que je n'ai point pensé partir à l'aventure et livrer au hasard les existences de trois cents braves gens qui ont eu confiance en moi. Mon itinéraire était arrêté, j'ai naturellement pris des mesures pour m'assurer vivres, munitions, transports...

GUERRERO. C'était d'un sage capitaine, monsieur.

HORACE, saluant. Je suis flatté de l'approbation d'un général aussi consommé que vous!... Donc, j'ai demandé au président, qui me les accorda avec le plus gracieux et le plus encourageant empressement, des passe-ports et des ordres de fournitures pour les gouverneurs des provinces. Je suis parti, et pendant un assez longtemps, mon petit détachement a trouvé chez les autorités mexicaines l'assistance promise... mais...

GUERRERO. Ah!... il y a un mais?...

HORACE. Quelle médaille n'a pas son revers?... Nous voici en Sonore... dans votre gouvernement, général... une magnifique province!... et je ne sais comment cela s'est fait, mais aucune fourniture ne s'est trouvée prête, aucune assistance ne m'a été donnée.

GUERRERO. Vraiment?

HORACE. Oh! la négligence des subalternes, général! et vraiment, le maître ne peut s'occuper de tout! alors voyant mes pauvres hommes sans pain, sans charriots dans ces mers de sable que nous avons à traverser, j'ai pris le parti de venir près de vous, persuadé que je n'aurais qu'à vous exposer la situation, pour qu'elle cessât par vos ordres.

GUERRERO. Je vous remercie, comte, de la bonne opinion que vous avez eue de moi.

HORACE. Ainsi, général, je puis espérer que tous ces mauvais vouloirs vont cesser, et que...

GUERRERO. Vous souvenez-vous, monsieur le comte, de la dernière fois que j'ai eu l'honneur de vous voir?

HORACE. A San-Francisco?

GUERRERO. Monsieur!

HORACE. Non, je me trompe!... à Paris!

GUERRERO. Précisément!... vous rappelez-vous comme vous étiez de méchante humeur ce jour-là, faisant de l'opposition quand même aux propositions les plus loyales, et vous irritant sur des questions de principes?

HORACE. J'étais parfaitement désagréable, oui, je m'en souviens, quoique cependant nous nous soyons salués de la façon la plus aimable.

GUERRERO. Bref, notre étreinte, au départ, ne fut pas absolument cordiale?

HORACE. Allons, allons, mon cher général, pas d'ambages! c'est la guerre, n'est-ce pas?

GUERRERO. Oh! je regrette bien, vraiment, que vous ayez employé ce mot plein d'orages!

HORACE. Et vous ne viserez pas mes passe-ports, et vous ne ferez pas préparer mes convois?

GUERRERO, aimablement. Eh! mon Dieu, non!

HORACE. N'existe-t-il pas une autre société qui s'est formée pour suivre le même but que moi?

GUERRERO. Précisément, et je vous en présente l'agent principal, l'honorable master Sharp. (Sharp et Horace se saluent.)

HORACE. Enchanté de faire sa connaissance.

SHARP. Dites-moi, sir Horace?

HORACE. Je vous écoute, monsieur.

SHARP. Je voudrais bien faire avec vous une petite affaire.

HORACE. Ici... et à pareille heure?

SHARP. Pour un Américain il y a des affaires partout... toujours!

HORACE, riant. Partout et toujours?

SHARP. Oh! oui... Si j'étais dans l'île de Robinson, plutôt que de ne pas me livrer à quelque petit commerce, je vendrais aux sauvages des cailloux contre des pierres quitte à leur revendre les pierres contre des cailloux.

HORACE. Ah! voilà un Américain pur sang!

SHARP. Et maintenant, sir Horace, si vous voulez faire la fusion avec moi.

HORACE. Je vous rends grâce, je n'ai aucune vocation commerciale, je refuse d'autant plus, général, que vous avez, je crois, une part prédominante d'actions dans cettesociété.

GUERRERO. Eh! que voulez-vous? il faut bien placer ses capitaux! Est-ce que cette société là vous gêne?

HORACE, à Sharp. Moi? allons donc! d'ailleurs la concurrence n'est-elle pas l'âme du commerce?

SHARP. Oh! yes, la concurrence, j'aime beaucoup quand je suis le plus fort.

HORACE Seulement il est bien malheureux que mes trois cents compagnons se voient réduits aux dernières extrémités par cette concurrence désastreuse.

GUERRERO. Je le déplore autant que vous.

HORACE. Et voici, qu'en partant, je me suis laissé aller à promettre à ces braves gens de leur rapporter du pain, des passe-ports en règle, et la route libre.

GUERRERO. Et qu'un cas de force majeure vous oblige à faillir à votre promesse...

HORACE, dignement. Ah!... Ah! général, il n'y a pas de cas de force majeure qui puisse relever un gentilhomme d'une parole donnée. Ainsi, c'est votre dernier mot?...

GUERRERO. Ce sera le dernier, si vous ne voulez pas me faire l'honneur de continuer la conversation.

HORACE. Eh bien, général, veuillez agréer mes excuses! (Ils se saluent; Guerrero fait quelques pas. Horace élevant la voix.) Mes hommes auront des vivres, des convois et des passe-ports!

GUERRERO, revenant. Comment cela?

HORACE, tirant sa montre. Général, il est deux heures du matin, quand l'aiguille sera là, tenez, sur six heures...

GUERRERO. Eh bien!

HORACE. Je serai maître d'Hermosillo.

GUERRERO. Ah!...

HORACE. Je serai maître de votre ville!

GUERRERO, rit, tout le monde s'associe à son rire y compris Horace. Qu'on reconduise M. le comte Horace d'Armançay, le chef de trois cents gredins sans souliers. (Les hommes éclatent de rire.)

SANDOVAL. Ah! c'est par trop grotesque!

HORACE, riant. Oui, c'est par trop grotesque!

GUERRERO. Il paraît qu'ils ont deux canons en bois.

HORACE, froidement. Craignez-vous qu'en vous demandant quatre heures je vous fasse trop languir? Eh bien, dans deux heures, alors!

GUERRERO, éclatant. Assez de fanfaronnades, monsieur!

SANDOVAL. C'en est trop! Il faut punir tant d'insolence!

LES OFFICIERS. Oui! oui! (Les Mexicains se précipitent sur Horace, mais Angela se jette entre eux.)

HORACE. Être défendu, et défendu par vous, señorita, c'est deux fois du bonheur et je vous en remercie! Général, messieurs, à bientôt, au plaisir de vous revoir!...

GUERRERO, à Cornelio qui attend au fond. Accompagnez M. le comte, et reconduisez le par les jardins.

CORNELIO, à Horace. Par ici, señor!

DON LUIS, est arrivé près du comte et lui touche l'épaule. D'un ton dégagé. Bonjour Horace.. ! j'ai à vous parler! Mais pourquoi passer par les jardins? c'est bien trop long. Venez plutôt par là, cher ami : (Il le prend par le bras et se retournant en riant vers Guerrero, étonné.) Oh! je connais la maison.

GUERRERO, à part. De quoi diable se mêle-t-il?

SCÈNE VII

LES MÊMES, moins HORACE et DON LUIS.

SANDOVAL. Ces Français sont fous ma parole d'honneur!

ANTONIA. C'est possible, mais ils sont charmants, je suis folle de ce fou là, moi!

GUERRERO. Messieurs, je vous ai annoncé tout à l'heure la signature de mon contrat de mariage avec ma nièce, et je ne pense pas que les bravades du Français doivent interrompre cette cérémonie. N'est-ce pas, Sandoval, nous aurons encore le temps de signer ce contrat, avant la prise d'Hermosillo?

SANDOVAL, riant. Je crois même que nous aurons le temps de marier tous les habitants de la ville... ainsi que leurs descendants.

GUERRERO. Faites entrer le notaire mayor, voici quinze jours qu'il est prévenu, tout doit être prêt.

CORNELIO. Il attend vos ordres.

GUERRERO. Faites-le entrer. Mesdames, le temps presse, qui sait? il se pourrait que dans deux heures nous fussions tous prisonniers.

SANDOVAL. Le chronomètre du flibustier doit être dérangé comme sa cervelle.

SHARP. Oh! j'aurais bien fait la fusion, moâ, avec le chronomètre flibustier.

SCÈNE VIII

LES MÊMES, CURUMILLA, en riche costume de chef indien, s'inclinant devant Angela, puis LE NOTAIRE.

CURUMILLA. Le grand esprit garde mes frères!

GUERRERO, à Curumilla. Ah! c'est toi, Curumilla! Messieurs, je vous présente l'un des principaux chefs des tribus Apaches, un ami de la famille. Mais, qui t'amène? Bonjour, chef.

CURUMILLA. Mon père, Tête d'Aigle, assistait au mariage de don Raphaël, mon devoir est d'assister aux fiançailles de la fille de don Raphaël et me voilà!

GUERRERO. Soyez le bienvenu, Curumilla!

CURUMILLA, à Angela. Curumilla le chef apache a le regard perçant, sa main est sûre, les balles de Curumilla ont été chercher dans les nuages et sur la montagne les oiseaux aux plumes de neige et les oiseaux aux plumes d'or... Curumilla a coupé le bois de sandal et, assis dans son wigwam, il s'est rappelé la vierge pâle aux yeux de gazelle. (Il tire de dessous son manteau un riche éventail en plumes et va s'agenouiller devant Angela.) Que ma sœur accepte ce présent en souvenir de l'amitié qui liait mon père au sien.

ANGELA. Ah! le joli éventail!...

CURUMILLA, bas. Ne l'ouvrez pas!

GUERRERO. Curumilla... je te remercie au nom de ma nièce. Ah! le chef est galant...! — Monsieur le notaire!... (Le notaire entre.)

CURUMILLA, bas à Angela pendant qu'on prépare la table au notaire. Mon frère le Tigrero, le frère du comte Horace, (mouvement d'Angela) a tracé sur cet éventail l'histoire de votre père et de votre mère!... Que ma sœur y jette prudemment les yeux!

ANGELA. Que dit-il?

CURUMILLA, haut. Que le grand esprit donne à ma sœur le courage comme il lui a donné la beauté.

GUERRERO. Eh! quoi, chef, tu pars déjà?

CURUMILLA, sur le seuil, lentement. Le chef assistera au mariage de la fille de don Raphaël, il le jure. (Il sort.)

SCÈNE IX

LES MÊMES, moins CURUMILLA.

GUERRERO, se retournant vers le notaire. Tout est-il préparé?

LE NOTAIRE. Messieurs, si vous voulez me prêter votre attention, je viens vous donner lecture du contrat.

GUERRERO, à Angela, qui a ouvert l'éventail et parcourt avec émotion ce qui est écrit dessus. Qu'avez-vous, doña Angela, vous êtes pâle, souffrez-vous?

ANGELA. Non!... non!... vous vous trompez... je ne souffre point... je me porte à merveille, je vous assure...

GUERRERO. Cependant?...

ANGELA. Ce n'est rien, vous dis-je... la chaleur est accablante aujourd'hui. (A part.) Ah! c'est horrible!

GUERRERO, au notaire. Faites, monsieur.

ANGELA, lisant rapidement sur l'éventail. Le misérable!... (La foule entoure le notaire.)

LE NOTAIRE. Par devant nous don Stéfano Gomez, notaire mayor, etc., ont comparu premièrement, don Antonio Guerrero y Azetecas, gouverneur général de la Sonore, d'une part, et doña Angela...

ANGELA, se levant lentement. Monsieur...! monsieur...! vous oubliez quelques-uns des titres de don Antonio Guerrero, assassin de don Raphaël, son frère.

GUERRERO. Angela!

ANGELA. Ajoutez : don Guerrero, empoisonneur de doña Inès, ma mère.

GUERRERO. Angela, vous êtes folle!

ANGELA. Oui, folle! folle d'horreur! folle d'épouvante!

GUERRERO. Angela!...

ANGELA, lui jetant son éventail. Tenez!... lisez!... voici le récit de vos crimes, signé par ceux qui vous les ont vu commettre.

GUERRERO, lisant. Tigrero! de Sauves! Toujours eux!

CORNELIO, au fond. Aux armes! aux armes! les Français! (Tocsin et vive fusillade au lointain.)

GUERRERO, tirant son épée. Oui, aux armes! En avant! c'est le sang qui va laver tant d'outrages. (A Angela.) Et quant à vous!...

ANGELA. Moi, je ne vous crains plus, voici le tocsin qui sonne ma délivrance!

TOUS. Aux armes! aux armes! (Angela tombe épuisée.)

CINQUIÈME TABLEAU

Dona Carmen d'Aguilar.

Salon à claire voie au fond. — Jardin. — Au lever du rideau des faisceaux d'armes. — Des aventuriers dormant à terre, d'autres la tête appuyée sur des tables où sont encore des bouteilles et des verres. — Au fond, une sentinelle marche de long en large; à la porte de droite, qui est celle donnant vers la chambre du comte, d'autres sentinelles.

SCÈNE PREMIÈRE

YVON, au fond, PIERRE, en sentinelle à la porte de droite, AMANDA, SANDOVAL, NOTABLES D'HERMOSILLO.

PIERRE, repoussant les curieux. Je vous dis qu'on ne passe pas.

SANDOVAL, suivi de notables. Le comte! où est le comte? Nous demandons le comte, nous voulons le voir!

YVON. On vous dit que le comte n'est pas visible en ce moment; il n'est pas encore jour chez monsieur!

SANDOVAL. Nous sommes les notables d'Hermosillo.

YVON. Il fallait vous faire inscrire hier.

SANDOVAL. A quelle heure pourrons-nous le voir?

YVON. Pas avant deux heures.

SANDOVAL. Ah!

YVON. C'est comme cela! Nous avons beaucoup d'ouvrage aujourd'hui : monsieur le comte va sonner, dans vingt minutes. J'aurai l'honneur de mettre monsieur au bain; puis, je coifferai monsieur, j'épilerai monsieur, je parfumerai monsieur, je préparerai le thé à monsieur, et monsieur le prend en lisant les journaux de France. Vous comprenez bien que nous allons mettre un peu de régularité dans notre existence, n'est-ce pas? Nous ne sommes pas des sauvages, n'est-ce pas? comme vous... n'est-ce pas?... des hommes jaunes, verts, bleus, que sais-je?... (Murmures, on entend un coup de pistolet.)

SANDOVAL. Hein! qu'est-ce que cela?... qu'arrive-t-il?

YVON, calme. Ce n'est rien! c'est monsieur qui sonne... Il n'y a que les serpents qui aient des sonnettes ici... mais les appartements... jamais! (Il sort.)

PIERRE. Allons!... revenez à deux heures!... laissez-nous un peu tranquilles!

SANDOVAL, à Pierre. Mais pardonnez... j'ai absolument besoin de parler au comte.

PIERRE, lui montrant le jardin. Attendez-le là si vous voulez!

SCÈNE II

LES MÊMES, ARTHUR.

ARTHUR, entrant avec un panier de champagne. Place! place! Noël! Largesse au peuple!

PIERRE. Monsieur Arthur! Eh! lieutenant, d'où revenez-vous? On ne vous a pas vu depuis hier.

ARTHUR. Je viens de faire des perquisitions et voici mes prisonniers... Je les confie à notre cantinière.

AMANDA. Un panier de champagne!

ARTHUR. Le champagne, c'est l'avant-garde de la civilisation française!

AMANDA. Noce complète sur toute la ligne! aujourd'hui tout est gratis!

PIERRE, voulant l'embrasser. Alors...

AMANDA, lui allongeant un soufflet. On donne même du retour.

PIERRE. Aïe! la belle main pour vous écrire en bon français une paire de soufflets sur la figure.

ARTHUR. Maintenant, mes enfants, buvez à ma santé, je retourne faire mes perquisitions.

PIERRE. Que cherchez-vous donc avec tant d'acharnement?

ARTHUR. Ce que je cherche! Ah! ça, vous croyez par hasard que j'ai pris Hermosillo uniquement pour faire de la peine aux Mexicains!... j'ai pris Hermosillo pour retrouver Aldegonde!

AMANDA. L'ingrate Aldegonde!

ARTHUR. Que voulez-vous...? c'est plus fort que moi..., je l'aime...! Cet amour-là est un rhumatisme que j'ai attrapé un soir de bal masqué, à l'Opéra.

PIERRE. Pardon... lieutenant... mais sans vous offenser...

ARTHUR. Quoi?

PIERRE. Vous avez pris Hermosillo... personne n'en doute... cependant le comte y est bien pour quelque chose?

ARTHUR. Ça, c'est vrai... il faut être juste!... Ah! mes amis... celui-là... il vous prend d'assaut tout un faubourg avec autant d'aisance et de facilité que j'en mets à prendre une demi-tasse.

PIERRE. Vous n'étiez pas à l'attaque de l'hôtel du gouvernement... lieutenant...? Nous étions une quinzaine à peine.

ARTHUR. Oui.... mais pendant ce temps-là, j'avais cru reconnaître le Mexicain d'Aldegonde... je l'ai poursuivi... et comme je suis un peu myope... je suis tombé dans une barricade mexicaine.

AMANDA. Diable!... Eh qu'avez-vous fait?

ARTHUR. J'ai fait... ce que vous auriez fait à ma place... j'ai pris la barricade... Voyez-vous, ce sont de bons enfants ces Mexicains.

PIERRE. Figurez-vous... une satanée... rue... longue... oh! mais longue... à n'en plus finir.

AMANDA. La rue de Rivoli... prolongée...?

PIERRE. Non... ça va toujours en montant... ça me rappelle la rue des Martyrs!... en haut l'hôtel du gouvernement défendu par une centaine d'hommes... en bas... nous autres, quinze... le comte à notre tête, en costume de soirée... il n'avait pas eu le temps de changer d'habit... le stik à la main... le cigare aux lèvres... nous avions l'air d'être-là pour nous amuser!... Ah! ça n'a pas été long... une... deux... en avant!... prrr!... une volée de perdreaux!... plus personne que le concierge... qui nous a remis les clefs... voilà!... Eh bien, c'est égal... une ville de quinze mille âmes prise par trois cents hommes... en deux heures... Ça ne manque pas de galbe... nous raconterions cela sur le boulevard qu'on ne nous croirait pas... Eh bien, c'est de l'histoire!

TOUS. C'est vrai!... c'est vrai!...

SCÈNE III

LES MÊMES, ALDEGONDE.

ALDEGONDE, au loin. Arthur!... Arthur!

ARTHUR. Cette voix!... Aldegonde!...

ALDEGONDE. Ah! merci, mes amis, merci, mais délivrez-moi!

TOUS. De quoi?

ALDEGONDE. Je gémis dans les fers d'un affreux Mexicain... délivrez-moi. — Ah! — J'ai cru que c'était lui!

ARTHUR. Ah! ça mais, je suis bien bon, je suis là, je vous embrasse, je m'épanche, et j'oublie que vous m'avez quitté pour un million, un misérable million...

ALDEGONDE. Mon million! rêve!... chimère!... caprice!... illusion!... fantaisie!... fumée!... brouillard!... jeu d'esprit!

ARTHUR. Et votre Mexicain?...

ALDEGONDE. Mon Mexicain?... réalité... affreuse réalité!... Un tigre!... une hyène!... un chacal!... un butor!... Il m'enferme à triple verrous!... il me bat comme plâtre!... des coups... et pas de million!...

ARTHUR. C'est bien fait, femme légère.

ALDEGONDE. Délivrez-moi!

ARTHUR. De ton mari?

ALDEGONDE. Mon mari, oh, il l'est si peu! Le gueux m'a trompée!... il m'a menée dans un faux arrondissement... il paraît qu'il manque quelque formalité à notre mariage... aussi quand j'ai su que vous étiez vainqueurs... j'ai songé à vous. Arthur!... mon petit Arthur chéri!...

ARTHUR. Je suis redevenu son petit Arthur!... ô délire!... — Continue.

ALDEGONDE. Mes amis, je viens vous demander un service.

TOUS. Parlez, parlez.

ALDEGONDE. Je sais que les Français ont l'intention de réclamer ce matin cinq otages... Eh bien, prenez mon Mexicain... Oh quel bel otage, ça fera!... prenez-le!...

ARTHUR. Oui, je le prends! Il me répondra de sa fidélité à mon égard si elle me trompe, je le lui rends.

ALDEGONDE. Ah! que tu es beau! (Elle lui tend la main.)

ARTHUR. Alors, tu me rends ton cœur... je suis vainqueur!... nous sommes tous vainqueurs!... Vive la joie!... et en avant le champagne!... en avant la chanson que nous avons tous chantée à San-Francisco!

ARTHUR, chantant.

Musique de M. Artus.

C'étaient tous des gars hardis
De Montmartre et de Paris!

Qu'importe où le sort les mène?
Tout est nouveau, tout est beau,
L'audace est leur capitaine,
L'espoir leur porte-drapeau...
Camarades!

Voilà comment sont partis
Les flibustiers de Paris.

ALDEGONDE.

A moi!

C'étaient tous des gars hardis
D'Argenteuil et de Paris!

Imitant les hirondelles,
Qui n'ont pas de créanciers,
Ils se sont à tire d'ailes
Envolés loin des huissiers...
Camarades!

Voilà comment sont partis
Les flibustiers de Paris!

ARTHUR.

C'étaient tous des gars hardis
De Bel'ville et de Paris!

L'amour est de leurs voyages
Aux forêts vierg's comme partout,
On renconti' des femmes sauvages
Qui n' sont pas sauvages du tout...
Camarades!

Voilà comment sont partis
Les flibustiers de Paris!

(Le refrain est chanté en chœur; les aventuriers commencent à danser, paraît le comte.)

SCÈNE IV

LES MÊMES, HORACE, entrant suivi d'Yvon; les aventuriers se mettent au port d'armes, puis LUISA.

HORACE. Qu'est-ceci, messieurs?... sommes-nous dans un salon ou dans un camp?... Êtes-vous des soldats ou une bande de bohémiens!... nous sommes ici chez le général gouverneur de la Sonore... ne l'oubliez pas... et n'oubliez pas non plus que vous êtes dans une ville amie et non dans une ville conquise... Allez!...

ARTHUR. Pardon, cher ami, mais nous avons retrouvé Aldegonde.

HORACE. Regarde, mon vieil Yvon... voici un beau désordre qui n'est pourtant pas un effet de l'art... Sans te faire de reproches, je crois que ce salon ressemble assez à un bivouac!

YVON. Hélas! si j'avais été le maître, on n'aurait pas dérangé même un fauteuil!... Allons, vous autres... un coup de plumeau et décampons! (Sortent la plupart des aventuriers, Yvon range.)

HORACE, à Pierre. Pierre, va continuer ta faction à la grande porte... et ne laisse entrer âme qui vive... j'ai à travailler.

PIERRE. C'est bien, capitaine!

HORACE. Les postes sont-ils occupés?

PIERRE. Oui, capitaine; selon vos ordres, la moitié de la troupe est restée sous les armes... et l'autre moitié...

HORACE. Se livre aux joies du triomphe, rien de plus naturel, mais je préviens que toute insulte ou tout dommage envers les habitants d'Hermosillo sera sévèrement puni. Va, et fais dire qu'à deux heures je serai au palais du gouvernement.

LUISA. Monsieur le comte, ma maîtresse vous fait demander un moment d'entretien.

LE COMTE. Réponds à ta belle maîtresse que le comte Horace d'Armançay est heureux de lui obéir en toute chose.

ANGELA, entrant. Ah! merci, monsieur le comte!

SCÈNE V

HORACE, ANGELA.

HORACE. Vous voulez me parler, doña Angela, asseyez-vous... parlez sans crainte... Si ce que vous avez à me demander est en mon pouvoir, croyez que je ferai tout au monde pour vous l'accorder.

ANGELA. Oh! merci! (Elle s'assied.)

HORACE. Vous vous taisez?... (Elle lève les yeux sur lui.) Vous pleurez!... je vous comprends, pauvre et belle enfant... couronnée d'innocence et déjà sacrée par le malheur!

ANGELA. Monsieur le comte... Pardonnez-moi, je ne puis qu'à peine ouvrir les lèvres... je suis brisée... j'étais venue pour... non... je ne me souviens plus de ce que je voulais dire... ou plutôt je n'ose pas. — Ah! je suis bien malheureuse!

HORACE. Doña Angela... mon enfant... le ciel m'a déjà fait une fois cette grâce de vous arracher à la mort... ayez confiance en moi!...

ANGELA. Oh! oui, j'ai confiance en vous, comme en Dieu!

HORACE. Je suis votre frère aîné... et par l'âge et peut-être par la souffrance... vous seule depuis bien longtemps avez jeté en passant un rayon de joie dans mon âme.

ANGELA. Moi!

HORACE. Oui... vous!... Depuis cette heure heureuse entre toutes où j'ai pu vous sauver, votre pensée est venue me sourire dans tous mes rêves, dans toutes les actions que j'ai faites, au milieu des fatigues les plus ardues, sous la pluie du ciel, sous la pluie des balles, toujours... toujours... votre doux visage me souriait; c'était une vision de mon cœur!

ANGELA. Je vous écoute et vous me rendez le courage.

HORACE. Parlez donc!

ANGELA. Oh! oui, je parlerai... Dieu voit bien tout ce qu'il y a dans mon âme!... Monsieur Horace, vous le savez, je suis seule au monde... seule... avec les souvenirs... les souvenirs horribles... des crimes de cet homme qui est là... dans cette maison.

HORACE. Pardonnez-moi, Angela, il y avait peut-être une sorte de cruauté à vous faire connaître tant d'infamie, mais vous alliez appartenir à ce misérable!

ANGELA. Oh! vous avez bien fait, et loin de vous reprocher cette révélation, je vous en rends grâce!... Mais depuis hier, voyez-vous, des terreurs folles m'ont assaillie... des spectres sanglants ont peuplé ma nuit... J'ai frissonné d'horreur dans ce palais... du meurtre et de la trahison... Oh! non! non! je ne peux pas vivre ainsi... je ne veux plus jamais reposer ma tête sous ce toit maudit... Je veux... pardonnez-moi, mais je suis une orpheline, je suis seule au monde, je suis une enfant sans expérience... et sans soutien... j'ai pensé... à vous, monsieur Horace, à vous, le seul qui m'ayez secourue, protégée, parlé avec cette voix amie, souri avec un sourire loyal et doux, et je suis venu pour vous dire: Cette œuvre bienfaisante que vous avez commencée, au nom du ciel, continuez-là, je n'ai foi qu'en vous, je... (Pleurant.) Ah! non, je ne puis achever... voici mes larmes qui recommencent... et je... je ne puis plus... je ne puis plus parler!

HORACE. Angela!... Ah!... mais... moi... aussi... je suis fou...! Vous ne saviez donc pas...? Et comment auriez-vous pu le savoir... Doña Angela, depuis que... je vous ai vue... si c'est votre pensée qui m'a guidée... soutenu... donné la foi...

le courage... la résolution... Angela, c'est parce que... depuis ce jour-là... je vous aime!...

ANGELA. Ah! (Bas.) Je le savais!

HORACE. Quoi, vous le saviez?

ANGELA. Sans cela... aurais-je osé... venir ainsi vous demander votre protection?

HORACE. Ah! sur Dieu qui punit les cœurs assez lâches pour mentir... je vous le jure, señorita... je ferai mon amour si profond... si fier... si grand!... que je veux vous donner à la fois tous les bonheurs qui vous étaient dûs... et que la fatalité vous a enlevés.

ANGELA. Vous serez ma famille, Horace... mais...

HORACE. Dites... mon Angela!

ANGELA. Il faut partir... partir bien vite... partir bien loin de ce pays où le poison dort dans le calice des plus belles fleurs, où la trahison vous guette à chaque pas, comme le serpent sous les lianes, où mes yeux retrouvent sans cesse l'assassin de mon père et de ma mère!... Horace, fuyons, fuyons, je vous en supplie.

HORACE. Vous avez raison... Angela; mais avant de partir... il faut... que j'emporte le droit... de vous protéger... hautement... fièrement... devant tous... il faut... que vous soyez... devenue ma femme.

ANGELA, simplement. C'est la plus douce espérance de mon cœur.

HORACE, avec élan. Angela, à vous... à vous toujours!... (S'arrêtant.) Mais... mais non... c'est impossible!

ANGELA. Qu'avez-vous?

HORACE. C'était un rêve!

ANGELA. Que dites-vous?

HORACE. Hélas! ce n'est que de loin que je pourrai veiller sur vous!

ANGELA. Je ne vous comprends pas!

HORACE, secouant la tête. Vous allez me comprendre, Angela, vous êtes riche, puissamment riche!

ANGELA, naïvement. Oui.

HORACE. Et lorsque je serai votre époux, on dira dans tout le Mexique: « Le comte Horace d'Armançay, ruiné à Paris, a engagé une troupe d'hommes braves, pour venir ici accomplir des prodiges... Il a promis à ces hommes de la gloire et de l'or, et savez-vous ce qu'il est résulté de ces projets grandioses?... Le comte Horace d'Armançay, habile chasseur de dots, a rencontré sur son chemin les immenses richesses de doña Angela de Torrès, il s'est jeté sur cet or et se l'est approprié, le héros promis des grandes aventures n'est devenu qu'un spéculateur heureux!

ANGELA. Oh! Horace!

HORACE. Ah! cela ne peut pas être; n'est-ce pas, doña Angela?

ANGELA. Oh! vous voilà bien comme je vous rêvais!... Cependant... est-ce ma faute, à moi, si je suis riche?

HORACE. Est-ce ma faute, si je ne puis accepter votre fortune?

ANGELA. Cependant, Horace, je ne sais pas, moi qui ne suis encore qu'une enfant... mais il me semble que ce doit être facile de détruire une fortune, car enfin, Horace, il ne s'agit que de trouver des mères qui implorent le pain de leurs enfants... ce pays est si malheureux!—Tenez, quand j'y songe, maintenant, c'est une autre peur qui me prend; vous allez voir que tout à l'heure, malgré nos affreux millions... nous serons trop pauvres!

HORACE. Vous êtes un ange!

ANGELA. Je suis une enfant qui vous aime et qui pour la première fois de sa vie verse des larmes qui lui sont douces!

HORACE. Angela...

ANGELA. Non... non... plus un mot... Vous ne voudriez pas dépouiller les pauvres?

HORACE, éclatant. Mais qu'ai-je donc fait à Dieu pour mériter tant de bonheur, car je ne le mérite pas!... Que suis-je?... Une épave!... un exilé de Paris! esprit blasé... cœur endormi, cerveau malade... j'ai commencé cette expédition pour secouer l'engourdissement du corps et de la pensée... l'étrangeté des mœurs nouvelles... bizarres... me séduisait... Que méritais-je? de mourir un jour ou l'autre bravement dans une mêlée sous l'œil de mes compagnons d'aventure ou dans le désert sous l'œil de Dieu et voilà... tout d'un coup... que devant moi, apparaît une jeune fille... comme mon imagination n'en avait pas créée... comme mes yeux n'en avaient jamais vue. une enfant qui est un ange... un ange qui est une enfant... elle est là... elle est à moi... elle s'incline vers moi! Oh! mon Dieu! je te remercie, (à Angela) et je t'adore!

ANGELA. Ah! oui, Dieu est bon! Savez-vous, Horace? nous nous fiancerons dès ce soir... (enfantinement) et puis, je veux que nos fiançailles aient lieu selon la coutume de mes ancêtres Horace, je m'agenouillerai devant vous, je vous offrirai la coupe bénie de notre amour, où d'abord j'aurai laissé tomber le double anneau de notre union.

HORACE. Quels que soient ces usages, Angela, je m'y soumets sans les vouloir connaître. Ce m'est un charme inouï que de vous obéir...! (Deux heures sonnent.) Mais il faut que je vous quitte, à bientôt, ma belle comtesse... (Lui envoyant un baiser.) Que vous êtes charmante — et que je vous aime!

SCÈNE VI

ANGELA, puis CARMEN.

ANGELA. Ah! mon cœur est en fête; mon bonheur déborde, je ne tremble plus, je n'ai plus froid dans mes veines, comme si j'allais mourir.

CARMEN, qui est entrée lentement. Ainsi, vous épousez le comte Horace? (Carmen a repris ses habits de femme, elle est vêtue du costume porté à Mexico par les dames de la classe riche.)

ANGELA. Une femme?... Qui êtes-vous? qui êtes-vous, madame?

CARMEN. Regardez-moi bien. Vous ne me reconnaissez pas?

ANGELA. Étrange ressemblance! seriez-vous la sœur de don Luis?

CARMEN. Don Luis n'a jamais existé!

ANGELA. Comment cela?

CARMEN. Don Luis, c'était moi. Je suis doña Carmen d'Aguilar.

ANGELA. Don Luis, c'était vous! Pourquoi ce déguisement?

CARMEN. Pour suivre M. Horace d'Armançay.

ANGELA. Dans quel but?

CARMEN. Pour veiller sur lui; pour le protéger, pour l'aimer!

ANGELA. Vous l'aimez?

CARMEN. Elle en doute!

ANGELA. Et que me voulez-vous, madame?

CARMEN. Vous ne le devinez pas?

ANGELA. Je vous le demande.

CARMEN. Alors, je vais vous le dire. J'ai quitté Paris, j'ai quitté tout le luxe qu'une grande richesse peut donner. J'ai traversé les mers, seule, inconnue, sans appui. J'ai osé, en touchant le sol du Mexique, revêtir un costume qui n'est pas celui de mon sexe. Je me suis jetée bravement, escortée de quelques péons, à la recherche d'Horace, j'ai franchi, durant le jour, des prairies calcinées par le soleil, durant la nuit des forêts hantées par les bêtes fauves et les coureurs des bois, j'ai affronté les tempêtes du ciel, les dangers de la terre... Moi, faible, j'ai bravé le typhus et la fièvre jaune, et cela fait, j'ai oublié tout, fatigue, souffrances et périls, le jour où j'ai pu enfin retrouver celui que j'aime, marcher à ses côtés, visible ou invisible, et n'avoir plus qu'une pensée, protéger sa vie ou mourir de sa mort...! Vous me demandez ce que je veux? je préfère vous dire ce que je ne veux pas: Je ne veux pas que vous épousiez Horace!

ANGELA. Et si Horace m'aime, madame?

CARMEN. Je ne vous conseille pas d'arrêter ma pensée sur cette supposition...! Avez-vous bien compris quelle femme je suis, ou quelle femme je puis être?

ANGELA. Est-ce une menace?

CARMEN, changeant de ton. Non... C'est une prière. C'est pour vous, c'est pour moi, c'est pour Horace que je suis ici, que je prie. Il y a deux mois que vous le connaissez, et vous l'avez vu deux fois. Et puis, vous êtes si jeune! je sais combien elles plongent peu dans le cœur, les racines du premier amour. Vous avez une fortune colossale, vous êtes belle, —très-belle, — vous aurez le Mexique à vos pieds.. Que voulez-vous faire de cette âme inquiète, de ce cœur épuisé, de ce demi rebelle, de ce demi proscrit?... Non... laissez-le-moi! Sa vie n'est qu'un amas de débris; la mienne qu'une suite de fautes, de regrets, d'écroulements, de folies, il est à moi aussi fatalement que je suis à lui! Vous l'aimez sans le connaître, qui vous dit que le connaissant vous l'aimeriez encore?... Enfin, tenez, à quoi bon tout cela? Vous m'écoutez, je vous en remercie, mais vous m'écoutez sans m'entendre, et moi, je le vois bien, je vous dis des choses inutiles. Donc, plus qu'un mot. Je suis habile... je suis forte... je suis femme, je l'aime, c'est assez...! — Vous ne me répondez pas?

ANGELA. Horace vous a-t-il aimée? Horace vous aime-t-il encore?

CARMEN. Ah! prenez garde! Vous voulez me forcer à me courber confuse devant vous. Vous voulez me blesser dans mon orgueil et triompher de mon aveu. Désirez-vous sérieusement que je vous réponde?

ANGELA. Oui.

CARMEN. Cela va devenir irréparable!

ANGELA. Horace vous a-t-il aimée?

CARMEN. Oui, il m'a aimée!

ANGELA. Et vous aime-t-il encore?

CARMEN, avec fureur. Non!

ANGELA, avec douceur. Je vous plains et je vous pardonne, madame. (Elle sort.)

SCÈNE VII

CARMEN, seule. Ah! qu'ai-je donc fait à Dieu pour souffrir ainsi?... Voyons; cœur foudroyé, résigne-toi. Le bonheur?... C'est ce qu'il y a de plus cruel au monde. Elle m'a écrasée de son bonheur, je devais m'y attendre. (Elle s'essuye les yeux d'une main qui tressaille.) Dieu qui me châtie me donnera bien la force de souffrir... Qui m'eût dit, il y a un an, qu'on pouvait mourir de cela...! Ah! elle m'a insultée... une enfant! Elle savait bien où me frapper, et c'est là qu'elle a frappé. — Oh! je crois que je les hais tous deux. (Elle reste immobile et pensive; pendant ce silence on voit Guerrero pâle, défait, se traînant à peine, s'approcher de Carmen, il a vieilli de dix ans.)

SCÈNE VIII

GUERRERO, CARMEN.

GUERRERO. Carmen!... Carmen!

CARMEN. Vous ici, libre?

GUERRERO. Non, prisonnier sur parole. (Avec un sourire farouche.) Mais gardé à vue, à toutes les portes et sous toutes les fenêtres. C'est ainsi qu'on a eu foi dans ma loyauté.

CARMEN. Vous savez donc mon vrai nom?

GUERRERO. Oui, je sais que vous m'avez trompé en vous faisant passer pour votre frère. Je suis là, collé à cette porte, depuis une heure. Je sais tout. J'ai tout entendu, tout ce qu'ils ont dit, et tout ce que tu viens de dire.

CARMEN. Eh bien? que voulez-vous de moi?

GUERRERO. Tu es Mexicaine, le sang d'Aguilar coule dans tes veines, et tu me le demandes?

CARMEN, avec dédain. Ah! vous voulez me parler de vengeance?

GUERRERO. N'avons-nous pas les mêmes haines?

CARMEN. Qui vous dit que je hais?

GUERRERO. Qui me le dit? toutes les rages qui me déchirent!

CARMEN. Ah! oui, je comprends... tu es le crime, toi, et par conséquent tu es la haine!

GUERRERO. Et toi?

CARMEN. Il n'y a rien de commun entre vous et moi... adieu!

GUERRERO. Ah! pas encore... Ne t'éloigne pas... je suis si malheureux! Oh! je souffre!... si tu savais comme je souffre!... Tout le monde s'est retiré de moi, je suis seul, errant, prisonnier dans mon propre palais. Ceux que je rencontre détournent la tête. On me fuit avec horreur. Ils m'ont retiré mes armes. Ils ont bien fait. Je me serais tué au milieu de quelque monstrueuse hécatombe; mais on me surveille. Cette nuit, j'ai voulu mettre le feu à cette maison, j'ai échoué, c'est fini, j'ai sur moi la malédiction du crime, et la honte du soldat vaincu. Et ils veulent que je vive! Impuissant, terrassé, souillé, damné, tant pis!... Il faut que je vive...! Je serai de la cérémonie des fiançailles tout à l'heure. C'est moi, le tuteur, qui dirai à ce Français: « Monsieur le comte, je vous donne ma nièce. Elle a cinq millions de fortune, elle est belle comme une aurore, elle serait digne d'un roi... Mais moi, gouverneur de la Sonore, vous m'avez souffleté de la honte d'une défaite, vous avez pris ma ville..., vous avez pris mon palais..., prenez aussi Angela et facilitez ma fuite, afin qu'il n'y ait pas de supplicié dans votre famille...! » — Ah! tenez, Carmen, Carmen, ayez pitié de moi, ayez pitié Carmen, trouvez-moi du poison!

CARMEN, à elle-même. Du poison!... Il y a des mots qui arrivent toujours fatalement à de certaines heures.

GUERRERO. Carmen, tu es libre, toi, tu peux aller et venir, je t'en supplie, ne me laisse pas en face de ce qui m'attend... S'ils m'eussent laissé mon épée, je ne te demanderais rien, mais je veux mourir, je veux mourir!...

CARMEN. Tu es sinistre jusque dans tes prières Guerrero... Est-ce bien vrai que tu veux du poison... pour mourir?

GUERRERO. Oui.

CARMEN. Écoute. Moi aussi, un jour, j'ai voulu mourir. J'étais une enfant; l'on m'enchaînait à un vieillard, et dans mon désespoir j'eus une idée... d'enfant...! j'enfermai deux gouttes de poison indien dans une rainure secrète que je fis creuser entre les deux anneaux de ma bague de mariage. Je trouvai cela poétique! Mais je te le dis, je n'étais qu'une enfant, et la vie en moi eût bientôt raison de la mort.

GUERRERO. Tu l'as gardée, cette bague?

CARMEN. La voici.

GUERRERO. Aie pitié de moi, Carmen!

CARMEN. Tu veux te tuer?

GUERRERO. Oui!

CARMEN. Alors, je vais prier Dieu qu'il nous pardonne à tous deux, à toi ce nouveau crime, à moi cette complicité!

GUERRERO. Tu consens?

CARMEN. La voici... Adieu... — Ah! ne me remercie pas. (Elle sort avec précipitation.)

SCÈNE IX

GUERRERO, seul, puis CORNÉLIO.

GUERRERO. (Il reste un instant silencieux et immobile en contemplant l'anneau.) Du poison! la mort! ô tentation de l'enfer, je crois qu'elle m'a compris!

CORNELIO. Monsieur, les personnes qui doivent assister aux fiançailles de M. le comte Horace d'Armançay avec doña Angela de Torrès sont réunies. On n'attend plus que vous.

GUERRERO, à part. Tous les anneaux de mariage se ressemblent. (Haut et fièrement.) J'y vais! (Il sort.)

ACTE TROISIÈME

SIXIÈME TABLEAU

Les jardins du palais d'Hermosillo.

SCÈNE PREMIÈRE

PIERRE, ARTHUR, DE SAUVES, SHARP, TIGRERO, YVON, AVENTURIERS, ils ont fait autant de toilette que possible, bien qu'ils soient avec leurs armes; OFFICIERS MEXICAINS.

DE SAUVES. Oui, mais moi, je crois qu'il faut moins que jamais nous éloigner d'Horace, il se perd et nous ne serons peut-être pas inutiles auprès de lui, sois en sûr.

TIGRERO. Ah! ce qui m'enrage, vois-tu, c'est ce mariage; je ne peux pourtant pas tuer l'oncle de la femme, et cependant...

DE SAUVES. Tais-toi, voici des Mexicains. (Arrivent des officiers mexicains par la droite.)

ARTHUR, entrant bras dessus bras dessous avec Sharp. Sharp de mon cœur, aussi vrai que nous venons de bien dîner, le diable m'emporte, si je sais pourquoi je vous aime, mais c'est un fait... je vous adore. (Sharp veut parler.) Oui, oui, c'est convenu, la fusionne, la petite fusionne, la fusionne for ever! Etes-vous content? Bien, c'est convenu! cent piastres avec les deux cents de tout à l'heure, ça fera trois cents.

SHARP. Oh! yes! je payerai tout ce qu'on voulait pour la fusionne... sir Horace a pris la ville, c'est bien, je suis content, vous êtes des hommes pratiques.

ARTHUR. Oui, de bonnes pratiques.

SHARP. Aux États-Unis d'Amérique, toujours comme ça! on dit: voilà une bonne ville; bien, on part, on arrive, on prend la ville, et tout de suite nouvel État-Uni.

ARTHUR. Comme c'est simple! Bonjour de Sauves, comment me trouvez-vous?

DE SAUVES, admirant son costume. Éblouissant, mon cher! Il y a donc des tailleurs à Hermosillo?

ARTHUR. Non pas, mais on y a des amis, M. Sharp, mon ami Sharp, qui a bien voulu mettre sa garde-robe à ma disposition. Il est un peu plus gros que moi, mais... en Sonore, c'est encore superbe et, parole d'honneur, j'ai déjà compromis quelques femmes!... Tiens, voilà Yvon; bonjour Yvon, tu ne me reconnais pas?

YVON. Si, si, à la voix! Mais le comte ne va-t-il pas arriver?

ARTHUR. Nous l'attendons. Que tiens-tu là?

YVON. C'est un petit écrin qu'il m'a chargé de lui remettre au commencement de la cérémonie.

ARTHUR. Ah! je devine. L'anneau! (Soupirant.) Ah! Aldegonde, si tu n'étais pas si légère, si mal élevée, on aurait pu... non, je ne le crois pas assez... Non... on ne peut pas!

SCÈNE II

LES MÊMES, ALDEGONDE et SANDOVAL.

ALDEGONDE, présentant Sandoval à de Sauves. Mon cher de Sauves, je vous présente une ancienne connaissance, M. Sandoval, qui était à Paris, il y a deux ans, et avec lequel j'ai soupé... quelquefois.

ARTHUR. Hein? encore un Mexicain! Oh! Dieu! les aime-t-elle les Mexicains!

SANDOVAL, à part. Où est l'écrin? là, entre les mains du domestique, c'est bien! Le rival est un peu lancé, provoquons une querelle, ce ne sera pas difficile. (A Aldegonde.) Ma charmante, à l'un de nos derniers soupers, nous eûmes, si je ne me trompe, un commencement d'entretien, qui m'a laissé de délicieux souvenirs. Voulez-vous que nous reprenions la conversation où nous l'avons laissée?

ALDEGONDE, minaudant. Pardon, mais... où en étions-nous restés, je vous prie?

SANDOVAL. A un bracelet d'émeraudes.

ALDEGONDE. Ah! c'est vrai: vous aviez beaucoup d'esprit.

SANDOVAL. Vous pouvez l'inspirer encore si vous vouliez!

ARTHUR, qui le suit depuis quelques instants et qui a été retenu jusque-là par de Sauves et Tigrero. Pardon, monsieur, aimez-vous *les pichenettes?*

SANDOVAL. Manant!

ARTHUR. Quoi!

ALDEGONDE. Arthur!

ARTHUR. Ah! vous aimez les Mexicains, vous, moi aussi, et j'en veux manger un peu. (A Sandoval.) Je vous demande si vous aimez les giffles?

SANDOVAL. Quand je les donne, oui. (Il lève la main.)

ARTHUR. Vous n'êtes qu'un drôle! et je vais vous le prouver!

SANDOVAL. A moi, messieurs!

LES MEXICAINS. Aux couteaux! aux épées! (Aldegonde se sauve épouvantée.)

DE SAUVES. Ah! canailles! est-ce un guet-apens! (Tigrero enlève Arthur.)

ARTHUR. Laissez-moi! (Une mêlée courte pendant laquelle on a vu Yvon rapidement entouré.)

SCÈNE III

LES MÊMES, GUERRERO.

GUERRERO. Messieurs! cavaliers! que signifie?

DE SAUVES. Mais...

GUERRERO. Monsieur de Sauves, recevez mes excuses au nom de ces messieurs!

TOUS LES MEXICAINS. Cependant...

GUERRERO. Assez! vous avez tort. Des querelles dans ce palais qui va devenir le palais du comte Horace, du mari de ma nièce, vous n'y pensez pas. — Assez, vous dis-je! qu'on se taise, et que chacun prenne sa place, les fiancés vont paraître et la cérémonie va commencer.

SANDOVAL, à Yvon. Pardon, mon ami, dans la bagarre, ceci n'est-il point tombé de votre poche?

YVON. Ciel! sans doute! (Il prend l'écrin l'ouvre et s'assure que l'anneau y est encore.) Dieu soit loué, j'aurais pu le retrouver broyé, foulé aux pieds, et c'eût été de bien mauvais augure!

SANDOVAL, bas à Guerrero qui s'est assis à gauche, entouré de ses officiers. Général, préparez-vous à fuir.

SEPTIÈME TABLEAU

La fête du Soleil.

A ce moment au fond, escorté de ses officiers, paraît à droite le comte Horace. A gauche, Angela en costume de fiancée, suivie de ses dames d'honneur. Le comte va s'asseoir à droite, Angela à gauche à côté du général Guerrero. Au moment où elle l'aperçoit, elle lui jette un regard d'effroi; Guerrero se lève et lui cède son fauteuil. Au fond, apparaissent successivement les chefs indiens ayant à leur tête Curumilla qui, lorsqu'il se trouve en face de Guerrero s'avance vers lui.

SCÈNE UNIQUE

HORACE, GUERRERO, TIGRERO, CURUMILLA, SANDOVAL DE SAUVES, ANGELA, AVENTURIERS, MEXICAINS, PRÊTRES et PRÊTRESSES DU SOLEIL.

CURUMILLA. J'ai promis d'assister au mariage de la fille de don Raphaël... me voici...! (Derrière les chefs indiens s'avancent les prêtres et les prêtresses du soleil, lorsque le défilé est terminé, une des prêtresses se détache du groupe et dit les vers suivants :)

LA PRÊTRESSE, s'avançant suivie des prêtres du soleil.

L'immense nuit tombait des hauteurs éternelles,
Et sous le noir manteau de ses deux grandes ailes
Tenait captifs les vents et la terre et les eaux;
Le parfum, la couleur, le goût, le nom, le nombre,
Rien n'était! — Tout dormait dans tout, — tout était l'ombre,
Les principes de tout flottaient dans le chaos;
Quand, semblable à l'enfant dont le pas tremble encore,
Fraîche, comme une vierge à l'heure du réveil,
Apparut la première aurore
Sourire du premier soleil!

(Tous les prêtres et toutes les prêtresses se retournent et s'inclinant devant l'aurore.)

Tout fut. — La fleur s'ouvrit, — l'oiseau chanta, — la femme
Aima. — L'astre fécond à tous prêta sa flamme;
Il mit dans l'œil de l'aigle un éclair de fierté,
Un rayon de douceur dans l'œil de la gazelle
Et, dans l'homme, alluma la divine étincelle
L'amour, qui contient tout, la force et la bonté.
Et c'est pour que ce feu se rallume sans cesse
Que tes enfants pieux t'invoquent en ce jour,
Soleil, éternelle jeunesse,
Qui verse l'éternel amour!

(Même jeu, devant le soleil qui apparaît au fond brillamment illuminé. S'adressant aux jeunes filles.)

D'un pied léger rasez la terre,
A l'oiseau dérobez son vol,
Dansez mes sœurs, selon l'usage héréditaire!

(Aux jeunes gens.)

D'un pied vaillant frappez le sol
Jeunes gens hardis à la guerre
Et sages au sein du conseil,
Dansez, c'est aujourd'hui la fête du soleil!

BALLET.

Le char du soleil s'est levé au fond du théâtre, commencent les danses, prêtres et prêtresses du temps des Incas. Au milieu du ballet, la BOMBA, dansée par mademoiselle MARIQUITA. Le ballet fini, Tigrero s'avance devant Guerrero.

TIGRERO. Nous, représentants du comte Horace d'Armançay, nous venons réclamer de vous, don Antonio Guerrero, doña Angela de Torres. Consentez-vous à la remettre entre nos mains et à abandonner les droits de tuteur que vous avez sur elle!

GUERRERO. Moi, don Antonio Guerrero de Azeleccos, j'abandonne tous les droits que je possède sur cette jeune fille, je les transmets au comte Horace d'Armançay... et je lui délègue les pouvoirs que la loi me confère sur doña Angela de Torrès.

HORACE. Par le Dieu qui nous entend, je jure amour et fidélité à doña Angela de Torrès.

GUERRERO, à la fiancée. Doña Angela, soyez heureuse! (Il prend la main d'Angela.) Seigneur comte, Angela, échangez vos anneaux.

CURUMILLA. Doña Angela de Torrès, c'est à vous d'offrir au seigneur comte, en signe de soumission conjugale, le breuvage des fiançailles! (Deux jeunes filles apportent l'une l'anneau, l'autre la coupe.)

ANGELA, tenant ouvert au-dessus de la coupe l'anneau conjugal. Doubles anneaux d'or un instant séparés, soyez le talisman qui communique à ce breuvage la flamme de nos cœurs? (La jeune fille laisse tomber l'anneau dans la coupe, fléchit un genou et le présente à Horace.)

HORACE. Pur amour, sainte flamme, pénètre en moi comme une vie nouvelle. (Il boit.)

GUERRERO, à part. Enfin!

SANDOVAL, bas à Guerrero. Fiez-vous à moi et laissez-moi faire.

HORACE, offrant la coupe à Angela. Angela! vous serez désormais mon bonheur, mon courage mon génie, ma force,... ma... (Arrêtant Angela.) Ne bois pas!...

ANGELA. Horace, pourquoi pâlissez-vous?

HORACE. En effet, je ne sais... un peu de fatigue sans doute... Angela, reste près de moi... Oh! mon Dieu, qu'est-ce que j'éprouve?

TIGRERO. Horace, mon frère! qu'avez-vous donc?

ANGELA. Ah! vite du secours!

HORACE. Rassurez-vous, ce n'est rien, je ne souffre pas! je... Valentin, mes amis... Ah! de Sauves, tu es médecin, regarde-moi, je suis pâle, n'est-ce pas; je sens ma vue se troubler, j'ai le feu dans la poitrine... Ah! ce breuvage! Ah! je meurs!

ANGELA. Horace! que dit-il?

TIGRERO, montrant Angela et Guerrero. Qu'on s'assure de cette femme et de cet homme!

SANDOVAL. Un crime commis ici! au milieu de nous, nous déshonore tous, s'il reste impuni. A moi, messieurs, et emparons-nous des coupables...! Seigneur alcade, je réclame main forte. (Tous les compagnons d'Horace se précipitent vers lui et l'entourent; les Mexicains profitent de ce mouvement pour disparaître avec Guerrero et Angela évanouie.)

GUERRERO. Allons! la partie n'est pas perdue! (Il fuit.)

DE SAUVES. Voici une bague trouvée au fond de la coupe, et voici les mots écrits sur cette bague : Carmen d'Aguilar, Mexico, 15 avril 1842.

TIGRERO. Carmen!... la sœur de don Luis..! (regardant autour de lui) don Luis en fuite..! Je comprends tout. (Horace retombe épuisé sur le divan; sont groupés autour du moribond, de Sauves, une main sur le cœur, interroge le mal; Curumilla, agenouillé à son chevet, le regarde avec une profonde attention.)

ACTE QUATRIÈME

HUITIÈME TABLEAU

Le Rancho.

Un rancho en ruines dans une forêt. — La nuit. — Clair de lune.

SCÈNE PREMIÈRE

TIGRERO, SIMON, PLUSIEURS AVENTURIERS.

SIMON. Un rancho en ruines, un lieu désert, la nuit, voilà ce qu'il faut.

TIGRERO. A-t-on placé des sentinelles partout où je l'ai indiqué?

SIMON. Partout; on leur a donné le mot d'ordre: Espérance, Patrie.

TIGRERO. Avez-vous battu le bois?

SIMON. Dans tous les sens; nous sommes seuls.

TIGRERO. Allumez des torches! Faites entrer don Luis.

SCÈNE II

LES MÊMES, CARMEN qui a repris le costume de don Luis.

CARMEN. Devant qui m'amenez-vous?

TIGRERO. Devant vos juges.

CARMEN. En vérité, messieurs, m'expliquerez-vous cette lugubre comédie?

TIGRERO. Vous avez pris la fuite après l'infâme attentat commis sur notre chef, le comte Horace d'Armançay. On vous a poursuivi et l'on s'est emparé de vous sur la route qui mène au Tépic.

CARMEN. Je n'ai pas, je pense, à rendre compte de mes actions ou de mes fantaisies.

TIGRERO. Étrange fantaisie que celle qui vous conseille la fuite le jour même où le comte...

CARMEN. Messieurs, je sais ce que vous voulez, je sais pourquoi je suis ici. On a trouvé dans la coupe fatale une bague ouverte et sur cette bague on a lu le nom de Carmen d'Aguilar, avec la date de son mariage, car cette bague était son anneau conjugal. Je passé parmi vous pour être le frère de Carmen, et ma disparition le jour même des fiançailles du comte vous a paru être comme l'aveu indirect d'un crime, vous êtes ici pour me condamner si je suis coupable, je suis ici pour répondre à une accusation. J'y répondrai, mais j'ai d'abord une question à vous adresser.

TIGRERO. Parlez.

CARMEN. Le comte Horace a-t-il succombé?

TIGRERO. Vous savez bien que le suc de l'upas ne pardonne jamais.

CARMEN, à part. Hélas!

TIGRERO. Quand nous nous sommes éloignés d'Hermosillo, le comte, de l'aveu même de de Sauves n'avait pas une demi-journée à vivre! Je l'ai vu, mon noble Horace, mon frère, pâle, défiguré, muet, l'œil fixe et l'écume de l'agonie sur les lèvres. Mon frère, mon pauvre frère! Oh! mais tu seras vengé, et c'est moi qui frapperai l'assassin.

CARMEN. Eh bien, frappe! car je déteste mon crime autant que tu le hais, et je ne veux pas survivre à ma victime. Frappe, Tigrero, la mort me sera douce, car ma mort expiera ma vie. Frappe au cœur et fais vite. J'ai honte de moi-même, j'ai besoin d'oublier, j'ai hâte de ne plus souffrir, j'ai soif du repos de la tombe, frappe!

TIGRERO. C'est toi qui l'a tué?

CARMEN. Oui!

TIGRERO. Pourquoi?

CARMEN. Qu'importe la cause du crime.

TIGRERO. As-tu des complices? nommes-les?

CARMEN. Mes complices! Ah! ils sont insaisissables, c'est mon cœur, c'est mon amour, c'est ma vie brisée, c'est mon espoir évanoui... Ah! j'en dis trop! Frappe! mais frappe donc!

TIGRERO. Compagnons, que décidez-vous de ce misérable!

TOUS. Qu'il meure! qu'il meure!

TIGRERO, s'emparant de Carmen. Viens donc, et que mon frère soit vengé.

UNE VOIX, à la cantonade. Qui vive!

UNE AUTRE VOIX. Envoyé du comte.

TOUS. Le comte!

DON LUIS. Il vivrait!

SCÈNE III

LES MÊMES, CURUMILLA.

TIGRERO. Curumilla! Qu'ai-je entendu! tu as dit envoyé du comte Horace d'Armançay?

CURUMILLA. Les poisons indiens sont mortels pour les visages pâles, mais le fils des prairies a surpris les secrets de la nature et le grand esprit le conseille.

TIGRERO. Et tu as sauvé mon frère! Et mon frère vivrait?...

CURUMILLA. Le chef a déjà repris le sentier de la guerre. Voici ses ordres.

TIGRERO, ouvrant un papier plié en quatre et lisant. « Compagnons, je suis debout. La mort a passé sans laisser de traces. Je pars pour retrouver Angela et pour punir le vrai coupable. Quant à Carmen, épargnez-là, car sachez que don Luis c'est Carmen elle-même à qui je pardonne, et que je veux oublier. » (Parlé.) Carmen! Carmen! est-ce donc ainsi que vous l'avez aimé? (Carmen baisse la tête et cache ses pleurs de ses mains.) Madame, vous êtes libre.

CARMEN. Puisqu'il vit, je dois vivre et me racheter par le sacrifice et par le dévoûment. Adieu, vous tous, adieu! vous ne me reverrez que si la mort se dresse encore une fois devant lui. (Elle s'éloigne.)

TIGRERO. Que Dieu l'accompagne dans son repentir. Et maintenant chef, quelle direction prendre pour rejoindre le comte.

CURUMILLA. Le comte est sur les traces de Guerrero. Il est parti seul avec mon frère le médecin et un autre de ses compagnons.

TIGRERO. De Sauves et Arthur, sans doute!

SIMON. Trois seulement dans une forêt pleine d'embûches, d'Indiens pillards et des hommes de Guerrero! Il faut à tout prix retrouver le comte et nous joindre à lui... nous sommes six hommes déterminés.

CURUMILLA. Guerrero a cent hommes avec lui. Il a choisi pour camper cette nuit le rancho que vous occupez... je ne le précède que de cent traits de flèches, et Guerrero, le visage pâle aux appétits de chacal, a repris courage. Il veut rentrer dans Hermosillo.

PIERRE, accourant. Une troupe en armes et nombreuse s'approche de ce côté.

TIGRERO. C'est lui, c'est Guerrero. Mes amis, nous allons nous disperser et sortir par cette brèche, chacun de nous suivra un des sentiers de la forêt, sans s'éloigner de plus d'un mille et faisant ensuite un détour à angle droit sur sa gauche, marchera la valeur d'un quart de mille, puis reprendra la direction de la Roche-Blanche qui est à cent pas d'ici, de façon à battre toute la forêt par une large circonférence et dans un temps très-court. Le premier de nous qui rencontrera le capitaine le ramènera. Allez! — Curumilla précède-moi... ton œil devine une piste sous une feuille pliée, dans un brin d'herbe couché, dans le cri lointain d'une panthère qui flaire le vent, il faut trouver Horace, et le détourner de cette recherche insensée. Viens! (Tous se dispersent et s'éloignent dans la forêt. On voit paraître aussitôt Sandoval accompagné de Cornélio et de quelques soldats d'avant-garde.)

SCÈNE IV

GUERRERO, SANDOVAL, CORNÉLIO, ANGELA, HOMMES DE L'ESCORTE.

On voit passer Guerrero et Angela, tous deux à cheval, qui disparaissent derrière le rancho.

SANDOVAL, ouvrant la porte du rancho à gauche. Par ici, señorita, vous serez là à merveille pour passer quelques heures.

GUERRERO, reparaissant et allant à Cornélio. Cornelio, j'établis-là cette nuit, mon quartier général, préparez le portefeuille des dépêches. (Cornelio entre dans le rancho et dépose sur une table les papiers du général, puis sort.)

GUERRERO. Le courrier nous a rejoint à la tombée de la nuit.

SANDOVAL. En effet, selon vos ordres, chemin faisant, j'ai dépouillé vos lettres.

GUERRERO. Vite! les nouvelles.

SANDOVAL. Général, si j'ose me permettre de vous donner un conseil, croyez-moi, dépêchez-vous; on cause, on négocie, on échange des lettres, cela est très-bien pendant quelques jours, mais il n'est pas de distance que ne franchisse une dénonciation et le gouvernement de Mexico pourrait bien s'occuper tout à coup de ce qui se passe en Sonore.

GUERRERO. Mais sang-dieu! ce n'est pas la résolution qui me manque.

SANDOVAL Oui, c'est l'argent, je le sais bien.

GUERRERO, à part. Que faire! Oui! il faut que je sorte de là à tout prix, ma tête et mon orgueil y sont engagés!... (Les yeux fixés sur le rancho dans lequel on voit Angela agenouillée et priant à la lueur d'une torche de résine fichée dans la muraille.) Si je pouvais! oh! cette Angela, seul obstable entre moi et une fortune immense! (Prenant une résolution.) Ah! le tout pour le tout! (Appelant Sandoval.) Quoique vous entendiez-là. (Il montre le rancho.) ne venez que si j'appelle, allez et faites bonne garde. (Il disparaît par le fond en se dirigeant vers l'entrée du rancho.)

CORNELIO, à Sandoval. Que va-t-il faire?

SANDOVAL. Toujours curieux, cher Cornelio, cela est donc inguérissable, croyez-moi, allez dormir, cela vous fera du bien. (Il le pousse au fond et va s'étendre lui-même sur une des pentes de la forêt enveloppé de son manteau. Tous les soldats dont les fusils sont en faisceau dorment également couchés, la tête sur leurs sacs. Un feu de bivouac brûle au lointain. Les sentinelles sont debout.)

SCÈNE V

GUERRERO, ANGELA dans le rancho.

ANGELA. Lui! Voici l'heure suprême du dernier combat. J'ai prié, j'ai des forces.

GUERRERO. Vous savez, doña Angela, que vous n'avez plus rien à attendre du comte Horace d'Armancay. Il est mort.

ANGELA, après un tressaillement nerveux qu'elle parvient à réprimer. Je sais, monsieur, que vous avez consommé vos crimes

GUERRERO. Ah! pas de récriminations ni d'injures, j'ai autre chose à faire qu'à les écouter et mieux à faire que d'y répondre. Ma tête est menacée, je ne puis la sauver que par une résolution prompte, énergique. Pour éviter que Santa-Anna ne me traduise devant un conseil de guerre il faut que je renverse Santa-Anna. Pour cela, j'ai besoin d'une armée, j'ai besoin d'argent. Je n'en ai pas, vous êtes riche. Il faut que votre fortune passe dans mes mains; il faut que ce contrat que vous avez refusé de signer soit signé à l'instant même, le comte est mort, je vous l'ai dit; quant à mes crimes, je saurai m'en justifier. D'ailleurs si ma présence vous gêne, je vous en débarrasserai. Vous vous retirerez où vous voudrez, au couvent si cela vous plaît. Je vous laisse cinq mille dollars de pension. Prenez et signez. (Il lui tend une plume.)

ANGELA. Monsieur, j'ai disposé de toute ma fortune. Vous parlez de couvent, c'est en effet au couvent des Dames de la Merci que je compte me retirer, si je sors vivante d'entre vos mains. Quant à ma fortune, j'ai fait vœu de la donner entière à l'Église.

GUERRERO. Ah! vous avez fait un vœu.

ANGELA. Quand vous êtes entré, j'étais à genoux en face de Dieu, et les derniers soupirs de mon serment s'échappaient de mes lèvres.

GUERRERO. Avez-vous songé à une chose, Angela?

ANGELA. A quoi, monsieur?

GUERRERO. A ceci, que si vous mouriez, je serais votre héritier.

ANGELA, impassible. Depuis que je sais de quelle main est mort mon père, j'y ai songé souvent, oui, monsieur.

GUERRERO. Et vous me résistez!

ANGELA. Je vous résiste.

GUERRERO. Et vous ne tremblez pas!

ANGELA. Regardez-moi!

GUERRERO. Folle que vous êtes! sur qui pouvez-vous compter dans cette forêt, dans cette masure, au milieu de ces hommes qui m'appartiennent et dont ma chute serait la perte. Sur qui? réponds!

ANGELA. Vous oubliez qu'il reste Dieu!

GUERRERO. Dieu! Dieu! Eh bien, qu'il se hâte, s'il veut te sauver de mes mains! Tu vas signer cela ou tu vas mourir! (A cet instant la fenêtre du rancho s'ouvre et Horace paraît, bientôt suivi de Sauves et d'Arthur.)

ANGELA. Seigneur! Seigneur! ne m'abandonnez pas! Seigneur! (Poussant un cri.) Ah! Horace!

SCÈNE VI

LES MÊMES, HORACE, DE SAUVES, ARTHUR,

HORACE, à de Sauves. Pousse la barre de la porte. (Regardant Angela qu'il tient dans ses bras.) De Sauves, emportez-la, montez à cheval et ne vous arrêtez qu'à Hermosillo!

ARTHUR. Filons, il n'est que temps!

HORACE. Arrête! ne faut-il pas donner à de Sauves, le temps de gagner du terrain. Va, de Sauves, au nom du ciel, va, et hâte-toi!

DE SAUVES. Et vous, qu'allez-vous faire?

HORACE. Ne t'occupe pas de nous. Ah! je les entends, il vont ouvrir. De Sauves, emmenez Angela ou je vais me brûler la cervelle. (A ce moment la porte est enfoncée, Sandoval paraît, derrière lui quelques soldats mais au même instant. Arthur crie du dehors. « *Par ici camarades, par ici!* » et l'on voit aussitôt entrer dans le rancho, le Tigrero, Arthur, Simon, Pierre et quatre autres aventuriers Il y a un instant de mêlée courte et terrible, à la suite de laquelle Guerrero a battu en retraite avec son monde. La porte du rancho s'est brusquement refermée et les huit aventuriers, Horace en tête, restent maîtres de la place. Horace est pâle et tient son bras gauche plié contre sa poitrine et passé dans l'ouverture de son vêtement.

GUERRERO, en dehors après avoir donné tout bas des ordres à Sandoval. Tout est prêt.

SANDOVAL. Oui!

GUERRERO. En avant, et commencez le feu, là-bas...! Allons des pioches, des pics, et démolissez! (Fusillade vive et prolongée, les aventuriers font feu par les meurtrières qu'ils ont pratiquées dans les murs et par la fenêtre du côté de laquelle on attaque également. Horace est debout, l'épée à la main, au milieu des combattants. Bientôt les soldats de Guerrero à coups de crosse et de troncs d'arbres coupés dans la forêt ont démoli le mur. Les compagnons d'Horace se précipitent de ce côté-là pour le défendre; mais les autres faces de la masure s'écroulent bientôt après, et les aventuriers, sans abri, se précipitent tête baissée sur les troupes mexicaines)

HORACE. Faites feu! (Arthur est frappé.)

SANDOVAL, sur la brèche. Rendez-vous!

ARTHUR, expirant. Touché! Bah!... cher ami... pardonnez-moi si je ne vous accompagne pas... un peu plus loin... j'ai une maladie de cœur! Si... vous retournez en France... tâchez de voir mon père... pauvre homme! je ne lui ai pas donné beaucoup d'agrément... dites-lui que... je suis mort... en pensant à lui... Aldegonde!... — elle aimoit trop les Mexicains!...

SANDOVAL. Encore une fois, rendez-vous?

HORACE, il s'élance au milieu des balles, et se précipite sur Guerrero. C'est à mon tour, enfin.

GUERRERO. Qu'on le prenne vivant, (Un homme à cheval jette le lasso à Horace, qui se trouve enveloppé et incapable de se mouvoir.)

TIGRERO. Ah! Horace, mon frère, je veux mourir!

CURUMILLA. Frère, il faut vivre pour le sauver, viens! (Ils disparaissent en gravissant les arbres et se sauvent en passant de branches en branches.)

GUERRERO. A Guaymas! (On a hissé Horace sur le cheval après l'avoir lié; les troupes défilent au fond à la lueur des torches, avant de partir elles ont mis le feu au débris du rancho. — Tableau.)

ACTE CINQUIÈME

NEUVIÈME TABLEAU

La Prison.

Double salon illuminé. — Fleurs, meubles à l'européenne.

SCÈNE PREMIÈRE

SHARP, DOÑA ANTONIA, MEXICAINS, MEXICAINES.

Au lever du rideau, groupes divers. Tables de jeu, d'autres accoudés causent avec des dames. Sur le devant de la scène, Sharp causant avec Antonia.

ANTONIA. Oui, en vérité, master Sharp, c'est une émotion étrange, que celle que je ressens, c'est tout à la fois de la curiosité et de la terreur... Ici, dans ce salon du palais de Guaymas, la joie ou plutôt la parodie de la joie; là... dehors... les canons braqués sur les places publiques, cette cour pleine d'hommes en armes, ces corridors où les sentinelles sont multipliées, les verrous aux portes, les barreaux aux fenêtres, tout un appareil formidable de soldats, d'espions, de guichetiers, contre un seul homme, qui va mourir peut-être demain, et qui transforment en salon de bal les salons où il est traité avec mille sortes d'égards et cent mille sortes de précautions, donne une fête, sourit... et qui valse avec doña Rédemption, la plus jolie et la plus coquette des veuves qui soient à Guaymas!

SHARP. Très-excentrique !... C'est pourquoi je suis venu.

ANTONIA. Est-ce que vous croyez sérieusement qu'ils le condamneront?

SHARP. Peut-être bien! oui.

ANTONIA. Mais l'opinion publique est avec lui!

SHARP. L'opinion militaire est contre lui! Le plus grand de ses torts était d'avoir eu trop raison.

SCÈNE II

LES MÊMES, DONA RÉDEMPTION, HORACE.

HORACE. Daignez me pardonner, señora Rédemption, de vous avoir fait valser sur une aussi déplorable musique. Mon orchestre ne se compose que d'un piano assez pitoyable, et sans vouloir dire du mal de vos compatriotes... les pianistes de Guaymas ne sont pas tous de la force de Litz.

DONA RÉDEMPTION. Je vous remercie de vos prévenances, seigneur comte, jamais je n'oublierai cette soirée.

HORACE. Vive Dieu! señora, on serait heureux de mourir pour d'aussi beaux yeux que les vôtres, mais ce m'est une consolation sans égale de penser que quelquefois mon nom sera prononcé par d'aussi belles lèvres! la seule mort, c'est l'oubli!... Demeurer dans la mémoire des hommes, cela est beau, dans celle des femmes, cela est doux; il faut souhaiter l'un et envier l'autre, mais permettez... (Appelant.) Yvon?

YVON. Monsieur le comte! (Dona Rédemption se rapproche de Sharp et de dona Antonia.)

HORACE. Morbleu! vieil Yvon, je ne te reconnais plus... Tu négliges ton service... songes que tu représentes à cette heure toute ma maison... Tu ne penses seulement pas à offrir des rafraîchissements aux dames.

YVON. Ah! monsieur le comte, je suis navré!

HORACE. Navré? bon Yvon. Ah! que veux-tu, nous ne sommes pas à l'hôtel d'Armançay. Je ne puis recevoir comme tu le désirerais, je comprends ta douleur; notre rout ressemble à une soirée du Marais... donnée le dimanche, par un bon bourgeois retiré du commerce.

YVON. Cette prison m'accable!

HORACE. Bon! voici que tu deviens ingrat!... car enfin, vois... la paille humide de notre cachot est d'une assez belle étoffe... et notre cachot lui-même est illuminé!... Comme salon, il y a mieux, mais comme prison... c'est véritablement très-confortable!

UN JOUEUR. Mille dollars!

HORACE. Banco! (A Yvon.) Va, mon ami, ce n'est pas un ordre que je te donne... c'est une prière que je t'adresse. (Yvon s'éloigne.)

UN JOUEUR. Voici ce que vous avez gagné, seigneur comte.

HORACE. Mille remerciments, monsieur. Mesdames, vous le voyez, la chance ne m'a pas tout-à-fait abandonné... voici l'infidèle qui me revient. (A dona Rédemption.) Señora, veuillez je vous prie remettre aux prisonniers de la ville cette somme que le hasard me jette... pour ces malheureux traités plus durement que moi, le hasard deviendra la Providence... Vous consentez?... (Il lui donne les dollars.)

DONA RÉDEMPTION. Ils béniront votre nom, monsieur, car je leur dirai qu'elle est la main qui les secoure.

HORACE. Ah! master Sharp...! heureux de votre bon souvenir!... voulez-vous accepter un grog?... mon valet de chambre en fait d'excellents, suivant la mode américaine. — Messieurs... il y a des cigarettes dans le salon à droite!... — Monsieur Sharp... vos affaires doivent prendre bonne tournure... vous êtes content... plus de rivalité commerciale!

SHARP. Moi, je suis attendri... par vous!

HORACE. Ah! et moi je suis touché de votre attendrissement.

SHARP. Vous êtes un vrai homme... Il faut sortir d'ici et fusionner nos deux compagnies.

HORACE. Ce serait de ma part une excessive présomption que de m'occuper encore d'affaires!

SHARP. C'est vous qui serez le chef.

HORACE. Merci!... Cette confiance d'un ancien ennemi me fait plaisir, je vous sais gré de vos offres... mais il y a des choses qui ne se recommencent pas!... Les aventures de la nature des miennes sont de ce genre.

DONA RÉDEMPTION, s'avançant en tête d'une députation de dames. Seigneur comte!

HORACE. Señora!

DONA RÉDEMPTION. Nous venons, doña Antonia, les señoras qui m'entourent et moi, vous demander...

HORACE. Et quoi donc?

DONA RÉDEMPTION. Une signature.

HORACE. Une signature? ah!... je comprends... un autographe!... Croyez-vous qu'un autographe de moi puisse avoir une bien grande valeur?

ANTONIA. Oui, nous le croyons, celui-là surtout.

DONA RÉDEMPTION. Et d'ailleurs, vous m'aviez promis quelques lignes sur mon album... mon album est là... sur votre table... et...

HORACE. Et la page est blanche! je suis dans mon tort... mille pardons!... Tant de pensées ont assiégé mon cerveau...!

DONA RÉDEMPTION. Eh bien! votre signature au bas de ce papier, et je vous tiens quitte.

HORACE. Soit donc, mesdames; j'aurais mauvaise grâce à vous refuser quoi que ce soit. (Il s'assied et prend la plume.) Il m'est permis de lire? (Il lit un instant, dépose la plume et se lève.) Je suis aux regrets, mesdames, de ne pouvoir faire ce que vous demandez, toutefois je vous suis reconnaissant de la demande... mais le comte Horace d'Armançay ne peut accepter de grâce!

ANTONIA. Je vous jure, comte, que toutes les notabilités de la ville l'apostilleront.

DONA RÉDEMPTION. Un sursis... à la sentence, si elle est fatale... le temps d'aller à Mexico... vous serez sauvé.

SHARP. Le temps, c'est de l'argent... disent les Anglais, on peut acheter le temps. Je paierai le temps, moi!

HORACE. En vérité, je serais ingrat de me plaindre... et tenez... cette affection qui m'entoure a quelque chose de plus précieux pour moi que la vie elle-même!... La vie?... qu'en ferais-je?... je l'ai jetée comme un prodigue à tous les vents! j'ai connu les nobles émotions, les joies de l'amour... les vanités de la fortune... La vie!... que peut-elle m'offrir à présent!... La honte!... — Quoi! j'aurais réuni trois cents braves... trois cents...! — C'est avec trois cents que Léonidas a sauvé son pays! — et parmi mes soldats, combien sont morts fièrement, invaincus, ceux-là, sur la foi de mes promesses, et puis, j'aurais donné l'ordre à ces dévoués qui ont lutté pour mon ambition, pour mon orgueil, de retourner avec leurs armes à San-Francisco, et après cela, après cette dispersion, après ces désastres, après ces morts... il me suffirait d'apposer ma signature au bas d'une feuille de papier pour que j'aie payé la dette du sang!... Et où irais-je?... En France! sur cette terre qui a des larmes d'enthousiasme pour toutes les gloires... des épigrammes pour tous les ridicules!... des huées pour toutes les lâchetés!... Que répondrais-je quand on dirait derrière moi, assez haut pour que je l'entende : « Voyez, c'est ce comte Horace... ce nouveau Pizarre, ce Fernand Cortez moderne, qui devait tout conquérir! On l'a pris comme un écolier en maraude... on l'a mis en pénitence... il a un peu pleuré... et on l'a renvoyé sans pensum! » — Retournerais-je à San-Francisco?... Pour y retrouver mes compagnons d'armes, qui me crieraient : « A quoi donc a servi tout le sang versé?... celui-là est mort, cet autre est mort, beaucoup sont morts, pour qui?... pour vous... et vous vivez?... » — Non, je ne veux pas vivre! Ce matin j'ai lu ma sentence dans les yeux de mes juges. Ils me condamneront et je les en remercie... ils m'épargneront ainsi le suicide... et c'est pourquoi j'ai le sourire sur les lèvres... Je me prépare à la mort en gentilhomme... Demain, je l'accepterai en chrétien... et je la subirai en soldat...! — Mais je vois que j'assombris vos visages. Quittons ce sujet puisqu'il vous attriste, doña Rédemption, je tiendrai ma promesse, et je vous prie de me laisser réfléchir quelques minutes à ce que je vais écrire sur votre album. — Vous permettez? (Il s'accoude sur la table et écrit sur un album.)

DONA RÉDEMPTION. Ah! mesdames! messieurs! il faut le sauver!... le sauver malgré lui!

SHARP. Vous ne pouvez le sauver, lui, il est destiné à mourir, c'est la fatalité qui le veut.

DONA RÉDEMPTION. La fatalité!

SHARP. Oui... déjà... à Hermosillo, il a failli mourir empoisonné par une main mystérieuse.

DONA RÉDEMPTION. En effet, j'ai entendu parler vaguement de cette histoire.

ANTONIA. J'étais à Hermosillo, moi, alors... et nul ne sait le secret de cette aventure.

SHARP. Lui seul, sans doute, ne l'ignore pas.

DONA RÉDEMPTION. Il doit y avoir la main d'une femme là-dessous.

HORACE, levant la tête. Ah! vous parliez de mon aventure d'Hermosillo et vous disiez : il doit y avoir la main d'une femme, vous disiez vrai! C'est, à cette heure, le seul souvenir qui m'attriste. Quand ma pensée se reporte vers le passé, je ne vois que des images de femmes pieuses, bonnes, consolatrices, aimantes... Ma mère, d'abord, puis ma vieille nourrice; ma sœur, frêle enfant blonde et rieuse, d'autres encore... une seule... Ah! une seule, fait ombre au tableau... car celle-là n'a su aimer que comme les autres haïssent...! — Mais laissons cela... Voilà mon sonnet, veuillez le parcourir d'un œil charitable, et comme on dit en Espagne, à la fin de la pièce, excusez les fautes de l'auteur.

DONA RÉDEMPTION, lisant, et s'attendrissant à mesure qu'elle lit.

J'ai vu dans vos grands yeux une larme reluire
Et c'est sur mon destin que vous avez pleuré!
Vous êtes belle et bonne et c'est par un sourire
A l'heure du trépas que je vous saluerai.

Allez! la mort est douce à celui qui peut dire :
Lorsque je fis le mal c'est que je l'ignorai;
Au livre de ma vie on pourra, sans peur, lire
La page où je naquis et celle où je mourrai.

HORACE. Vous êtes émue; permettez, señora :

Puisqu'à l'aube prochaine il faudra que je meure,
Je ne puis vous donner qu'une amitié d'une heure,
Mais les plus courts bonheurs ne sont pas les moins doux;

Mon âme emportera trois noms chers sur son aile,
Le vôtre — avec les noms de ma mère — et de celle
Dont pour l'éternité Dieu me fera l'époux!

DONA RÉDEMPTION. Hélas! comment vous remercirais-je dans une aussi triste circonstance?

HORACE. Comment, señora? c'est très-facile! Depuis l'aventure de la princesse Marguerite et d'Alain Chartier, il est un trésor inestimable avec lequel on paye les poëtes en France. C'est le baiser d'une jolie femme.

DONA RÉDEMPTION, s'avançant après hésitation, l'embrassant au front. Ah! monsieur le comte!

HORACE. Une larme!... un baiser... me voilà payé deux fois... (Conduisant dona Rédemption sur un divan.) Remettez-vous, señora! Mesdames, je suis vraiment honteux de la piteuse réception que je vous fais. J'ai reçu tant de marques de sympathie, depuis que je suis... descendu à l'hôtel du gouvernement... que, ma foi... désespérant de m'acquitter en détail, vis-à-vis de toutes les personnes qui m'ont témoigné de l'intérêt, j'ai pris le parti de les réunir toutes, afin d'exprimer à toutes combien je suis touché de l'honneur qu'elles ont bien voulu me faire...

SCÈNE III

LES MÊMES, YVON, CARMEN, vo'

YVON, annonçant. La señora Guerrero, femme du gouverneur général de la Sonore! (Étonnement général.)

ANTONIA. Guerrero marié!... aurait-il fini par épouser sa nièce.

HORACE, mettant la main sur son cœur. Angela!... — faîs entrer. (Paraît Carmen qui lève son voile.)

CARMEN. Monsieur le comte, le conseil de guerre a prononcé son jugement, vous êtes condamné à mort. (Dona Rédemption baisse la tête, tous sont émus.)

HORACE. Je songeais à vous, madame.

CARMEN. Demain matin vous devez être fusillé sur la plage de Guaymas.

HORACE. Je vous pardonne la première nouvelle que vous m'apportez, et je vous remercie de la seconde. Toute autre mort que celle d'un soldat m'eût semblé indigne d'un gentilhomme.

CARMEN. Maintenant, j'ai à vous parler de la part de... mon mari.

HORACE. Asseyez-vous.

DONA RÉDEMPTION. Cette femme me fait horreur!

HORACE. Mesdames, recevez l'expression de ma profonde reconnaissance... Messieurs, au revoir, demain sur la plage de Guaymas, je vous ferai mes adieux! (Tous sortent lentement et tristement.)

SCÈNE IV

HORACE, CARMEN.

(Horace vient lentement se placer devant Carmen, ils se regardent longuement.

CARMEN, se levant et lui tendant un papier. Vous êtes libre.

HORACE. Ma grâce? Je n'en veux pas!

CARMEN. Ce n'est ni votre grâce, ni votre acquittement, c'est la liberté. Tigrero, de Sauves, Pierre, Simon, d'autres encore de vos compagnons sont là... Les barreaux de cette fenêtre sont sciés. Aussitôt la nuit venue, un fil de soie vous sera lancé, une échelle de corde au bout, et une barque tout appareillée vous attend de l'autre côté du môle.

HORACE. Je vous remercie, madame, mais je vous l'ai dit : je refuse.

CARMEN. Vous remarquerez, monsieur, que je ne vous supplie pas. Mes prières iraient peut-être contre le but de cette entrevue, mais je vous donnerai pour combattre votre refus des raisons concluantes. Je comprends que vous repoussiez toute grâce, mais fuir, c'est rejoindre vos compagnons, c'est recommencer, c'est lutter encore; fuir, c'est faire acte de votre volonté, c'est vous défendre, c'est vous relever de votre chûte, c'est ressaisir votre épée. Entre la fuite et la mort, je ne crois pas que le choix soit possible, car c'est la mort qui serait une lâcheté!

HORACE, bas et d'une voix sourde. Et vous êtes la femme de ce misérable!

CARMEN. Vous avez cru, il y a huit jours, sauver Angela au rancho de la forêt des chênes, vous vous êtes trompé! De Sauves, à cinq minutes de là, tombait dans une embuscade et Angela disparaissait de nouveau aux mains de Guerrero!

HORACE. Grand Dieu! Angela!

CARMEN. Toutes mes recherches furent inutiles... Angela, peut-être, avait été livrée à quelque tribu errante d'Indiens Comanches ou jetée dans quelque mystérieux couvent.

HORACE. Ah! je vais donc mourir en désespéré!

CARMEN. Le lendemain, je vis Guerrero... Par la mort récente de mon oncle d'Aguilar je suis maîtresse de ma fortune, je la lui ai offerte, ainsi que ma main, en échange de votre vie et de la liberté d'Angela.

HORACE. Vous, Carmen!

CARMEN. Une heure après, un prêtre avait consacré cette union, tout était prêt pour votre fuite, et voici l'écrit que me remettait pour vous mon... mari. (Horace prend l'écrit.)

HORACE, lisant. « Je déclare me dessaisir de tous mes droits sur doña Angela de Torrès, ma nièce et ma pupille, et j'autorise M. le comte d'Armançay, son fiancé, à la retirer du couvent de Dames de la Merci, aux mains desquelles je l'avais confiée. » (Parlé.) Angela me serait rendue!

CARMEN. Raison de plus pour être libre, monsieur le comte!

HORACE. Ah! Carmen, quelle femme êtes-vous donc!

CARMEN. Ah! j'oubliais. Les sentinelles qui veillent sous vos fenêtres sont gagnées, leur cri sera le signal.

HORACE. Carmen! vous ne répondez pas?

CARMEN. Si! je vais vous répondre. Vous souvenez-vous du jour de votre départ de Paris! C'était moi qui vous disais : Au revoir! Vous me répondites : Adieu! Aujourd'hui, c'est le contraire. C'est moi qui vous dis... pour jamais... (avec émotion.) pour jamais... Adieu!

HORACE. Madame!

CARMEN, froidement Monsieur le comte d'Armançay, adieu! (Elle baisse sa mantille et sort.)

SCÈNE V

HORACE, seul. Pauvre Carmen!... ah! qui sondera jamais le cœur d'une femme, et dans ce cœur où se débattent tant de courants contraires, qui saura jamais distinguer le bien du mal, le crime de l'héroïsme, le vice de la vertu! (Il jette les yeux sur la fenêtre) La fuite!... Là, devant moi, l'espace... la mer... la liberté et Angela! Angela, ma bien-aimée, Angela libre d'elle-même, oh! que le temps va me sembler long! — On vient!

LE GEOLIER. Entrez, ma sœur.

SCÈNE VI

HORACE, ANGELA.

HORACE. Une sœur, une religieuse!

ANGELA. C'est moi, Horace!

HORACE. Angela! vous! vous ici! Ah! tous les bonheurs m'accablent en même temps.

ANGELA. Ne pensiez-vous pas me revoir?

HORACE. Oh si! mais dans une heure seulement.

ANGELA. J'ai obtenu cette autorisation de notre saint évêque. Touché de mes malheurs et des vôtres, il a consenti, malgré la règle, à me laisser pénétrer auprès de vous, afin que la dernière main qui pressât la vôtre fût la mienne, que la dernière prière pour vous ouvrir le ciel fût prononcée par mes lèvres.

HORACE. Il s'agit bien de la mort! il s'agit de la fuite. Tout est prêt. Je n'attends plus qu'un signal, et tiens... tiens... écoute, le voilà!...

VOIX DE SENTINELLES, sous la fenêtre. Sentinelles, veillez!

HORACE. As-tu entendu? eh bien, c'est le signal de ma délivrance, de la tienne, de notre liberté! Regarde, j'ébranle les barreaux de cette fenêtre et ils restent dans ma main. Attends un peu et un cordon de soie va m'être jeté, qui nous amènera une échelle de corde? Une barque est cachée derrière le môle, mes compagnons sont-là: de Sauves, Valentin, Pierre, Simon! Ah! voici l'échelle, tout est prêt, tout!... — Ah! Dieu est bon!... Je respire déjà l'air libre, tu es entrée, et la vie est rentrée en moi, et avec la vie, l'espoir, le courage, la puissance. Là, tout est prêt. Et maintenant, mon Angela, viens, je t'enlève!

ANGELA, écartant la mante bleue qui la recouvre, et montrant à Horace l'uniforme des Dames de la Merci, dont elle est revêtue. Horace, vous ne voyez donc pas l'habit que je porte?

HORACE. Oui, oui, je sais! On t'avait enfermée au couvent de la Merci, et pour te soustraire mieux encore à toutes les recherches, on t'avait revêtue de l'habit des saintes filles, mais Guerrero n'a plus de droits sur toi, Guerrero protège ma fuite et te rends la liberté, tiens, lis...!

ANGELA. Ah!... en signant cet écrit Guerrero savait bien qu'il le signait trop tard.

HORACE. Trop tard!

ANGELA. Oui, j'étais retombée aux mains de Guerrero, vos soldats étaient dispersés, Hermosillo était repris, vous étiez prisonnier, un conseil de guerre était rassemblé pour vous condamner... alors il est venu, lui, Guerrero, dans l'église de la Merci, entouré de son état-major, pour remercier le ciel de ce qu'ils appellent la délivrance de la Sonore! Je l'ai entendu déclarer à haute voix que mes fiançailles avec le revolté, le proscrit, le condamné à mort étaient illusoires; je l'ai vu s'avancer vers moi, je l'ai vu étendre la main sur moi comme pour me prendre... Oh! alors, Horace, un courage surhumain est descendu en moi, je me suis levée, indignée, frémissante, pâle, et j'ai pris à témoin le ciel et les hommes, et devant tous, devant la foule émue de ma douleur, j'ai solennellement donné ma fortune à l'Église et ma vie à Dieu!

VOIX DE LA SENTINELLE. Sentinelles, veillez! (Horace rejette l'échelle de corde par la fenêtre.)

ANGELA. Horace, que faites-vous! Horace, vous pouvez fuir! fuyez!

HORACE. Il n'est plus temps!

ANGELA. Ah! qu'avez-vous fait? Vous pouviez vivre, et vous voulez mourir!

HORACE. Oui, Angela, oui, notre vie terrestre va finir. Mais ne pleure pas, ma sœur, les autres ne m'apporteraient que la lutte, les ambitions, les folles espérances, les riens, les chimères... Toi, tu m'apportes la réalité splendide, le ciel!...

SCÈNE VII

LES MÊMES, LE GREFFIER.

LE GREFFIER. Monsieur le comte, pardonnez-moi la pénible mission dont je suis chargé.

HORACE. Monsieur, je connais mon sort depuis une heure.

LE GREFFIER. Je viens vous chercher selon l'usage pour vous transférer en chapelle ardente.

ANGELA. Monsieur, écoutez-moi... Attendez... j'ai l'autorisation de l'archevêque de veiller auprès du condamné, de prier à ses côtés jusqu'à ses derniers moments.

LE GREFFIER. Je le sais, ma sœur. Faites votre devoir.

HORACE. Angela! du courage!

ANGELA. J'en aurai!

HORACE. Marchons! (Ils sortent.)

DIXIÈME TABLEAU

L'exécution.

La plage de Guaymas. — Au loin la mer. — A gauche, maisons à toits plats. — A droite, au fond, une petite éminence. — A droite, sur le côté, au lever du rideau, sont rangés les soldats mexicains, derrière eux, entouré de son état-major, sous une sorte de tente, le général Guerrero. Parmi l'état-major, Sandoval. — On entend des cloches sonner dans la ville. — Une foule immense est rangée de tous côtés, contenue avec peine par les soldats, des dames à tous les balcons. — Au lever du rideau, paraît par la gauche un peloton de soldats, puis des moines, la cagoule rabaissée sur leurs figures; les moines psalmodient la prière des trépassés, à leur entrée il s'élève de la foule un long frémissement; tous se découvrent, les soldats présentent les armes; les premiers moines vont se ranger au fond près de l'éminence, paraît le comte Horace, de noir vêtu, les mains libres, le chapeau sur la tête. — Sur son passage on entend des sanglots; arrivé au milieu de la scène, il voit master Sharp, et le salue de la main.

SCÈNE UNIQUE

GUERRERO, HORACE, SANDOVAL, SHARP, TIGRERO, ANGELA, CARMEN, ANTONIA, DONA RÉDEMPTION, OFFICIERS et SOLDATS MEXICAINS, MOINES, PEUPLE.

HORACE. Nous sommes arrivés? Salut, master Sharp! C'est bien d'être venu au rendez-vous que je vous ai donné hier, merci! (Sharp fait un pas vers lui, veut parler, l'émotion l'en empêche, il lui tend sa main.) Allons!... allons!... soyez homme! pas de faiblesse!...

SHARP, s'élançant en cachant sa figure dans son mouchoir. Un vrai gentleman!

HORACE avance encore quelques pas et aperçoit dona Rédemption, il ôte son chapeau. Adieu señora, vous avez donné hier mon aumône aux pauvres; aujourd'hui je vais porter au ciel vos larmes de compassion, ce me sera près de Dieu un plus riche trésor! Qu'il vous donne bonheur et joie!... (Il s'incline devant Antonia. Dona Antonia et dona Rédemption se jettent dans les bras l'une de l'autre. Horace reprend sa marche, derrière lui des moines d'un ordre différent défilent encore, arrivé devant Guerrero, Horace s'arrête.) Général Guerrero, je ne manquerai pas de vous recommander à Dieu, je crois que vous en avez besoin... n'est-ce-pas? (Guerrero fait un mouvement et lève son épée en signe de commandement pour que le cortège reprenne sa marche. Souriant.) Vous êtes pressé?... Je comprends!... pardon de vous avoir fait attendre... (Il se dirige vers l'éminence, près de la plage. Arrivé au lieu de l'exécution on entend un roulement de tambours voilés.) J'ai le droit de commander mon feu?

LE GREFFIER. Oui, monsieur.

HORACE. Monsieur, j'ai été élevé dans la religion catholique, c'est en catholique que je veux mourir. (Il s'agenouille. Une religieuse a fendu la foule, va près d'Horace, s'agenouille et lui prend la main.)

HORACE, tressaillant en reconnaissant Angela. Prions ma sœur! Morte! — (Horace se relève, élevant la voix.) Soldats! apprêtez-armes! Joue! feu! Horace tombe.

GUERRERO. Enfin!

TIGRERO. A toi! (Il le frappe d'un coup de couteau au cœur. Pendant que les soldats ont visé le comte, les moines qui entouraient Guerrero se sont rapprochés de lui, un instant il a disparu au milieu d'eux, puis le comte fusillé, à mesure que les autres moines défilent, ils rentrent dans leurs rangs la cagoule baissée, et l'on voit enfin Guerrero étendu à terre, un poignard dans le cœur. Sandoval s'élance et prend le poignard.)

SANDOVAL, lisant sur le manche du poignard. Tigrero! (Il se retourne vers le seul moine qui soit resté debout, et s'élance vers lui, le moine laisse tomber sa robe, c'est Carmen.)

CARMEN, riant sinistrement. N'est-ce pas que la femme est digne du mari!... Ah! ah! (Elle s'accoude sur la balustrade et la toute d'un air sombre. Rideau.)

FIN

www.ingramcontent.com/pod-product-compliance
Lightning Source LLC
LaVergne TN
LVHW020633110826
845149LV00004B/1161

* 9 7 8 2 0 1 9 1 9 1 9 2 4 *